Puerto Rican Women
Mujeres Puertorriqueñas

BY CARMEN DELGADO VOTAW

National Conference of Puerto Rican Women, Inc.
Washington, D.C.

Published by:
Lisboa Associates , Inc.
1317 F Street, Suite 400
Washington, DC 20004-1105

Library of Congress Catalog Card Number 94-069574

ISBN: 0-9650649-0-5

Printed in the United States of America

PUERTO RICAN WOMEN
MUJERES PUERTORRIQUEÑAS

BY/POR CARMEN DELGADO VOTAW

Published By / Publicado Por: Lisboa Associates, Inc.

Designed By / Diseñado Por: Jenni Buerk and Meaghan M. Golden

Illustrations By / Ilustrado Por: Nicole M. Backus and Pat Barron

TABLE OF CONTENTS / INDICE

PUERTO RICAN WOMEN: *A Historical Perspective*

To place a group of people, any people, within the context of history and to draw some conclusions that can be summed up as a "historical perspective" is no easy task since one of the characteristic human and historical imperatives has been, indeed, to make women invisible in the annals of history. Gerda Lerner, a scholar of women's history, aptly described the situation when she was president of the Organization of American Historians:

> *"Women's history was neglected and ignored by the men who made the culture, and who recorded only their own experiences. If you want to find out the truth about women's roles in society, you have to restore women's history. You can't restore women's history if you do not collect the sources."*

That grim statement applies to the history of women everywhere, including my native Puerto Rico and its history. Women themselves have been the ones that have had to collect and write our history. And we are far from completing this monumental task, although some outstanding efforts are under way.

During the suffragist period and the golden period of interest in women's affairs that emerged as a result of the United Nations Decade for Women, starting in 1975, we find the seeds for the reclamation of history for all women. In Puerto Rico, researchers have begun to retrieve our history from oblivion, especially scanning the pages of newspapers and periodicals of earlier eras which, in bits and pieces, started to fill in the outlines of the outstanding contributions of our legacy.

Let me begin at the proverbial beginning of the times about which we have anthropological glimpses of life for the *Taíno* culture and the role women played in those far away days before the Spaniards set foot on our island. From that era a legacy of leadership emerges with blurred outlines of the "leading" role some of our *Taína* Indian ancestors played in directing

Christopher Columbus' ships from the island of Guadeloupe, where they had been taken by Caribs (supposed to be cannibals), leading them to the safe shores of Borinquen (the ancient name of Puerto Rico), in 1493, the year of the encounter of two worlds for our island. In 1993, that event was commemorated in October with island festivities.

We know that women played a historical role in the discovery of our island and in the colonization by the Spanish settlers. A film, *We Were Always Here,* captures the roots of our Indian ancestry and way of life in those pioneering days. Cacica Yuisa was perhaps the first Puerto Rican woman leader.

Let us now leapfrog through the Spanish colonial period when the Indian women, in fact the whole Indian population, was decimated by the diseases brought by the Spaniards and by the slavery, physical and sexual, they were subjected to.

The importation of African slaves when the Indians were not able to do the hard work brought Black women, again used as chattel by the Spanish masters, to breed new generations of *mestizos*, largely left to the ingenuity of their mothers to rear and care for. Those beautiful

hues and colors of our skin pigmentation come from those roots.

White female slaves captured from their Muslim abductors were also brought to the island where they married the colonizers who settled the interior of the island to grow coffee. With the Spanish regime also came the wives of the Spanish settlers and those became the first wave of a distinguished batallion of female educators on our island which today seem to have vanquished illiteracy.

Professor J.J. Osuna, in his 1923 book, *A History of Education in Puerto Rico*, states that by 1623 the Catholic Church wanted to educate girls as well as boys. A wealthy woman of the time, Doña Ana Lanzas, is said to have donated a big house near the cathedral to start a convent for women. By 1755, the first formal school for girls was in operation. However, it was not until a full fifty years later that the state and church established four schools for girls, mostly to teach religion and sewing, including our famous lace-making, known as *mundillo*. Those schools failed because there was no money to pay the teachers.

The stronghold of the Church for four centuries was thus based on its educational offerings to the rich and to a few of the poor. From the 1880s on, the Sisters of the Sacred Heart were firmly implanting in women, through the paternalistic philosophy of the time which permeated the educational system, a sense of dependency, submissiveness, abnegation and forebearance, typical of the rigid roles assigned to the sexes in the Spanish domain.

During the nineteenth century, the well-to-do women dutifully stayed home, bore children and did charity tasks; the not so well off were largely forgotten. Toward the second part of the century, a crack of light began to emerge in some intellectuals like Alejandro Tapia y Rivera, who, in 1862, said:

"There is no militant or progressive civilization where women, condemned to servitude, are occupied only in tasks shunned by men while men reserve themselves for combat, idleness or government...

In the modern age, it is not a crime to have women educated: their place in education has to be recognized as legitimate and valuable. A society consummates its civilization in the emancipation of women.

Those of intelligence try to topple the barriers of prejudice in order to be learned and to compete with men in all endeavors. Women are held in high esteem when they march toward exercising their citizenship."

A decade later, our outstanding educator and *prócer*, Eugenio María de Hostos, evidenced his interest in the intellectual progress of women by starkly saying:

"Women have been reduced to the level of a two-armed mammal which procreates, nurtures the young, and sacrifices its individual growth for the welfare of the species."

Women's voices began to be heard in local periodicals published for and by women, echoing women's aspirations in strong terms betraying the innocuous titles of the publications: *La Azucena* and *La Guirnalda Puertorriqueña.*

Women made their grand and significant appearance in the world of literature and began to emerge in the political spectrum: María Bibiana Benítez and Alejandrina Benítez, as poets; and Lola Rodríguez de Tió venting her political fervor in the stanzas of *La Borinqueña,* the Puerto Rican national anthem. Mariana Bracetti (known as *Brazo de Oro*) sewed the flag that symbolized the political aspirations of the ill-fated revolt known as the "Grito de Lares."

With the stirrings for change at the turn of the century, Don Nemesio Canales introduced a bill in 1909 to secure "women's emancipation." Describing his efforts in his book, *Paliques,* published in 1915, he referred to the need to change the laws in his own inimitable humorous way:

"Even though I prefer...not to do anything, in keeping with my habit of opposing my own inclinations, I resolved to do something. Armed with that resolve, I started anxiously to look for abuses to be corrected or injustices to be remedied in our laws. Dear mother, the things I found! What a bunch of supurating boils, cankers, cancers and deformities I saw in the august bodies of our laws! What a number of ignoble deeds are tolerated and even sanctified in our Civil Code! How many low down infamies were perpetrated coldly in each page, each article and even each word of the Criminal Code! Trembling from head to toe, I was about to withdraw my horror-stricken gaze from that somber picture, when it dawned on me that since time immemorial women had not had a hand in making the laws since all their rights to participate in public matters had been usurped.

Heaven knows, I said to myself, if a great portion of those judicial atrocities called laws would not have come

about if that secular usurpation had not occurred!

From that thought I conceived the proposed bill on 'women's emancipation' which was presented to the Assembly.

All the serious men from the House greeted my bill with that peculiar disdainful laugh with which such serious men receive everything they do not understand..."

Rising in opposition to the bill, our statesman and Speaker of the House, Don José de Diego, on February 10, 1909, as reported in the *"Diario de la Tarde,"* opposes the thought that women have not already won their rights (except voting, custody and other matters):

"For 20 years I have studied the laws of our country and I have not found that, apart from the right to vote, women in Puerto Rico do not enjoy all the same rights males have. Upon achieving majority age, they can enter into contracts, acquire and dispose of property, exercise custody and tutelage; not one single right is denied her; on the contrary, the law grants her some privileges men don't have.

Our laws are full of the gallantry inspired in the nobility of Castillian gentlemen who killed or died for a lady in distress!...

The division of marital property is noble and generous...granting women equality even though men's work is hard and painful and women's work is sweet and passive."

The Speaker did not mention the fact that in contentious cases, as Mr. Canales rebutted, the male would be awarded custody of the children. In an interesting exchange, the Canales-de Diego debate about women's traditional roles was couched in traditional language about the prescribed roles of the sexes with male oppressive gallantry disguising the issues and fueling the winds of the suffrage movement.

Even though the male discourse was predictable, the female tenacity that emerged in the Puerto Rican suffrage movement

was not. Doña Ana Roqué de Duprey and Milagros Benet de Newton and others for two decades after the change in sovereignty from Spain to the United States pressed the cause of women's suffrage, achieving victory in 1929 with the granting of the vote for women to be exercised for the first time in 1932.

Meanwhile, the working women of Puerto Rico, largely concentrated in the needle and tobacco industry, were also becoming the unsung heroines of the struggle to improve the dire economic situation the people of Puerto Rico were facing.

A different kind of heroine emerges, free of the trappings of the middle and upper classes, to challenge social conventions and improve women's labor participation and rights. Luisa Capetillo, radical feminist and labor leader, wears pants, writes tracts on social justice and devotes her journal *La Mujer* to women's liberation, including even advocacy for free love.

Capetillo's 1911 book, *My Opinion About the Liberties, Rights and Duties of Women as Partners, Mothers and Independent Beings,* is considered the first Puerto Rican women's rights manifesto.

Besides women who excelled in the educational field, exemplified by Carmen Gómez Tejera, María Cadilla de Martínez, Antonia Sáez, Carlota Matienzo Román and others, the early part of the twentieth century continued to

produce outstanding women writers. Poets Clara Lair and Julia de Burgos, both lyrical poets, also express feminist views. The latter, our most gifted feminist poet, has been classified as a great contemporary poet all over Latin America, in the same league as Juana de Ibarbourou of Uruguay and Gabriela Mistral of Chile. Her poem, *"A Julia de Burgos,"* challenges herself and other women to question the patterns society imposes on women.

At the turn of the century, women also started to make gains in the professions: women doctors and pharmacists led the way for women lawyers in 1917. And, with suffrage, in the first election women cast their ballots in 1932, the first female legislator, María Luisa Arcelay of Mayagüez, was elected. María M. de Pérez Almiroty, representing the Liberal Party, became the first female senator in 1936. In the 1940s the first crop of female mayors hit the scene, one in Guaynabo and one in Loíza. They paved the way for our illustrious Doña Felisa Rincón de Gautier, elected for four consecutive terms as mayor of the capital city of San Juan beginning in 1946. In 1944, another woman made history when she was elected as president of the Liberal Party of Puerto Rico: Josefina Barceló de Romero, the first woman in Latin America to head a political party.

The stream of women participating in the political process and being elected to office has been small but steady. Up to l980, l7 women had been elected for 24 terms (some for more than one term) in the Senate and l3 for 23 terms in the House. We have many women judges, including a Supreme Court Judge, cabinet members and women in every facet of life today. But, like in the United States, or the rest of the world for that matter, we are not represented in an equitable proportion to our numbers, although Puerto Rican women in the mainland United States are making progress at council and board of education slots. Our aspirations have not changed drastically from the suffrage days to the days of the Decade for Women, which ended in splendor with a United Nations Conference on Women in Nairobi, Kenya in July of l985. Olga Cruz Jiménez de Nigaglioni, past president of the Judicial and Civil Commission of the House of Representatives of the Legislature of Puerto Rico, succinctly summarized the aspirations of Puerto Rican women thus:

"What Puerto Rican women want is justice; we do not want to supplant anyone; we wish to retain our femininity without having to resort to burning bras, but we demand just treatment; equal opportunities for participation; legal instruments capable of protecting our interests, which are one and the same interests of our children, our husbands, our brothers. We want the total eradication of discrimination and the inferior judicial treatment which is accorded to women in our Code within the institution of marriage when they are precluded from entering into contracts and administering the properties of the conjugal society. This inferior legal treatment is considered nowadays as antisocial. Sociological concepts in the modern familial structure foster partnership, equal division of chores, and equal recognition of human worth for each member of the family. Our women's movement only pretends to advance a better world for all of us and especially for future generations and it seeks, above all, the recognition of our human worth."

Much of the old legislation Canales referred to and Olga Cruz Jiménez de Nigaglioni talked about has been corrected with the passage of laws which redress injustice in marital and property rights, which clear protectionist labor laws and which eliminate discrimination in the workplace. And, of course, we are ahead of the United States since the Puerto Rican Constitution of l952 enshrines the equal rights amendment in its language prohibiting discrimination on the basis of sex. A Commission on the Status of Women advises the government of the Commonwealth on the advancement of women's rights.

How does the Puerto Rican woman, away from her native habitat in the tropics, or the Puerto Rican woman born in the United States fit into the sisterhood and historical context? She has had to face the double or triple burden of discrimination that minority women face in the United States, as women, as Puerto Ricans, as people of color, as language minority persons.

Ruth Bader Ginsburg, our newest Supreme Court Justice, when she was at Columbia University, described women's demands in simple, but eloquent terms which fit Puerto Rican women's aspirations as well:

"Women are entitled to a durable guarantee that they will be treated by the law according to their needs, goals and aspirations as individuals."

We want our society to understand who we are, where we came from, what our historical antecedents are. We want our culture to be respected, our role models to be our own, our language to be a part of our identity as an ethnic group within the tapestry of the nation.

Our goal is to dispell the history of discrimination and the myths about us, to ensure that our women are recognized for their contributions to the island and to the United States and the world, to inform our fellow citizens about our history and about the great need we have for its reclamation and dissemination.

The phrase used in a news program, "the need for an accurate sense of history," rings true for women of diverse races and ethnic origins. The images of women in American culture, all women, but especially minority women, have been obliterated or blurred by the male historians and by the myopic visions with which curricular and educational planning has been conducted.

The task of reclaiming history is under way in America and Puerto Rico today and women are both the subjects and the purveyors of knowledge for and about women. But the task of reclamation that needs to be undertaken about minority women has barely begun.

We have few allies in this process. The well known repositories of information around the country which have sprung up in the last decade to reclaim women's history have been too preoccupied with the mammoth task of putting women, so far, majority women, on the historical map.

There is no question that researchers and historians are doing an outstanding job thus far, but we must help in the task since otherwise, as Lawrence Stone claims, if "history is to be used as it should be used, both to illuminate the past and to give perspective to the future," our vision will be impaired, for many of us will not be represented in the kaleidoscope that can produce new patterns based on the old ones, but blending and using the best we have to offer. This quest has animated my efforts.

The reclamation of history is arduous and time consuming, but women must become architects of their history, our herstory, if we are to forge sisterhood, unity and political strength. Our Hispanic past, our Puerto Rican past, must become a part of the traditions and feminist lore of the country.

The strength and unity which can make a difference for the women of the future and their prospects for a more equitable world will not come about if the media does not help in portraying our variety and richness. The faces on the screens and in people's consciousness must not all be white, or black, or olive-skinned. They must be as life is, varied, unpredictable. The roles women play must be vital and truthfully portrayed as they say in Lake Wobegon:

> *"where the women are strong and the men are goodlooking…"*

The voices of history claim to be recorded. And we must join in the clamor of what Arthur Schlesinger, Jr. called "the voices that historians never expected to hear…" That is precisely what I have tried to do with this, my second book on Puerto Rican women. Let us raise our voices and bear the torch as our feminist Puerto Rican poet, Julia de Burgos, urges in her poem to herself: *A Julia de Burgos.*

You are only a shy lady
Not I: I am life, power woman.

You belong to your husband,
your master;
Not I: I belong
to no one or to all…

You are the lady of the house,
resigned, meek tied to the
whims of men;
Not I: I am the galloping
stallion running freely on the
path toward the horizons of
God's justice.

You are not your own master,
everybody rules over you
Everybody commands you:
your husband, your parents,
your relatives.

You are a slave to the car,
the jewels, the banquet, the
champagne, the heavens and
hell, and what people say

In me only my heart rules,
only my thoughts; I am my
own ruler…

When the multitude rises to run
in confusion leaving behind the
embers of burnt injustices…

I will be among them bearing
the torch in my hand.

INTRODUCCION

Perspectiva Histórica sobre la Mujer Puertorriqueña

Colocar a las mujeres o a un grupo de personas, cualquier grupo, dentro del contexto histórico y llegar a conclusiones que puedan catalogarse como una "perspectiva histórica" no es tarea fácil ya que una de las imperativas características del pasado ha sido hacer que las mujeres sean invisibles en los anales de la historia. Gerda Lerner, experta en la historia de la mujer, describió la situación fielmente cuando presidía la Organización de Historiadores Americanos:

"La historia de la mujer fue ignorada y olvidada por los hombres que forjaron la cultura, y que anotaron solamente sus propias experiencias. Si deseamos encontrar la verdad sobre los papeles que la mujer ha jugado en la sociedad, es necesario restaurar la historia sobre la mujer. No se puede hacer eso si no coleccionamos las fuentes."

Esa aseveración descorazonadora se aplica a la historia de la mujer en todos los lugares, incluyendo mi Puerto Rico nativo y su historia. Las mujeres mismas han sido las que han acopiado y escrito nuestra historia. Estamos muy lejos de completar esa tarea monumental aunque algunos esfuerzos notables están en marcha.

Las semillas para el proceso de reclamación de nuestra historia de la mujer brotaron durante el periodo del sufragio y durante el tiempo dorado de gran interés por la mujer que surgió como resultado del Decenio de las Naciones Unidas para la Mujer que comenzó en 1975. En Puerto Rico, las investigadoras han comenzado a recobrar nuestra historia escudriñando los diarios y periódicos de la era y acumulando poco a poco las piezas y los esbozos sobre las contribuciones a nuestro legado.

Empecemos a escudriñar los periodos al comienzo de nuestra historia cuando sólo atisbamos información antropológica sobre la cultura de los Taínos y el papel que la mujer desempeñó en esos días de antaño antes de que los españoles llegaran a nuestra tierra. De esa era, en 1493, aparece un cuadro sobre el liderato que la mujer ancestral Taína jugó al desviar los buques de Cristobal Colón de la isla de Guadalupe a donde los conducían los Caribes (que se decía eran caníbales) hacia las costas acogedoras de Borinquen (nombre original de la isla de Puerto Rico). En 1993, se celebró en la isla ese encuentro de dos mundos.

Sabemos que las mujeres jugaron un papel histórico de importancia en el descubrimiento y la colonización por los españoles. La película, *Siempre Estuvimos Aquí*, capta las raíces de nuestro acervo indígena y el modo de vida de esos días pioneros. La Cacica Yuisa probablemente fue la primera mujer líder puertorriqueña.

Saltemos un poco ahora a través del periodo colonial español durante el cual las mujeres indígenas, de hecho, toda la población indígena, fue aniquilada por las enfermedades traídas por los extranjeros y por la esclavitud física y sexual a la que fueron sometidas.

La importación de esclavos africanos para realizar el arduo trabajo que los indígenas no podían realizar también trajo mujeres negras, las cuales fueron utilizadas como propiedad para crear nuevas generaciones de mestizos que quedaban al cuidado de sus madres. La magnífica variación de colores de nuestra piel obedece a esas raíces.

Las esclavas blancas capturadas de sus captores musulmanes también arribaron en la isla y se casaron con los colonizadores que poblaron el interior de la isla y se dedicaron al cultivo del café. También vinieron las esposas de los españoles y esas constituyeron la primera ola de un distinguido batallón de educadoras que han podido vencer el analfabetismo en la isla.

El Profesor J. J. Osuna, en su libro de 1923 titulado *Historia de la Educación en Puerto Rico*, recuenta que para el 1623 ya la Iglesia Católica deseaba educar a las niñas al igual que a los varones. Una señora acaudalada de la época, Doña Ana Lanzas, había donado una gran casa cerca de la catedral para convertirla en un convento para mujeres. Para el 1755, la primera escuela formal para niñas estaba operando. Sin embargo, no fue hasta 50 años más tarde que el estado y la iglesia establecieron cuatro escuelas para niñas, principalmente para enseñar religión y costura, incluyendo nuestro famoso tejido de mundillo. Esas escuelas fracasaron pues no había fondos para pagar a los maestros.

La ascendencia de la Iglesia por cuatro siglos estuvo basada en las oportunidades educativas que ofrecía a los ricos y a un puñado de los pobres. Desde el 1880, las Hermanas del Sagrado Corazón comenzaron a implantar en la mujer, a través de la filosofía paternalista de la época que saturaba el sistema educativo, un sentido de dependencia, sumisión, abnegación y pasividad típico de los papeles tan rígidos que prevalecían en el dominio español.

Durante el siglo XIX, las mujeres acaudaladas permanecían en sus hogares, criaban niños y realizaban tareas caritativas; las de recursos limitados eran olvidadas. Durante la segunda mitad del siglo, comenzó a aparecer un entendimiento sobre la mujer en intelectuales como Alejandro Tapia y Rivera quien en 1862 dijo:

"No hay civilización militante ni progresiva donde la mujer, condenada a servidumbre, se ocupa sólo en faenas que el hombre desdeña, quien se reserva para el combate, la holgazanería o el gobierno...

En la edad moderna no es un crimen que la mujer se instruya; su puesto en el estudio se quiere reconocer como legítimo y valioso. En la emancipación de la mujer la sociedad consuma su civilización. La que nació inteligente trata de derribar la barrera de los prejuicios para ilustrarse y rivalizar con el hombre en todos los campos. La mujer se eleva cuando camina hacia su estado natural haciéndose ciudadana."

Una década más tarde nuestro insigne educador y prócer, Eugenio María de Hostos, evidenció su interés en el progreso intelectual de la mujer al expresarse así:

"La mujer ha sido reducida al nivel de un mamífero bimano que procrea, que alimenta de sus mamas al bimano procreado, que sacrifica a la vida de la especie su existencia individual..."

Las voces de las mujeres comenzaron a escucharse en periódicos publicados por y para la mujer haciendo eco de sus aspiraciones, con firmes términos que contravenían sus inocentes títulos: *La Azucena* y *La Guirnalda Puertorriqueña*.

Las mujeres irrumpieron significativamente en la literatura y comenzaron a participar en el ámbito político: María Bibiana Benítez y Alejandrina Benítez, como poetas, y Lola Rodríguez de Tió virtiendo su fervor político en las estrofas del himno nacional puertorriqueño, *La Borinqueña*. Mariana Bracetti (conocida como Brazo de Oro) cosió la bandera que simbolizaba las aspiraciones políticas de la malograda revuelta del Grito de Lares.

Con los vientos de cambio del fin de siglo, Don Nemesio Canales introdujo legislación en 1909 para promover la "emancipación de la mujer". Describiendo sus esfuerzos en su libro publicado en 1915, *Paliques*, (p. 234) se refirió a la imperativa necesidad de cambiar las leyes en su inimitable estilo humorístico:

"Aunque...lo de no hacer nada me gustaba más, consecuente con mi vieja costumbre de llevarme la contraria a mí mismo, resolví lo segundo, esto es, ponerme a hacer algo. Y ya resuelto a hacer algo, me puse a buscar ansiosamente abusos que corregir e injusticias que remediar en el cuerpo de nuestras leyes. ¡Madre mía! Las cosas que vi. ¡Qué de pústulas, chichones, cánceres y jorobas descubrieron mis ojos en el augusto cuerpo de nuestras leyes!

¡Qué innobles rapiñas toleradas y hasta santificadas en el Código Civil! ¡Qué de bajas infamias perpetradas fríamente en cada página, en cada artículo y hasta en cada letra del Código Penal!

Temblando de pies a cabeza, ya iba a apartar para siempre mi horrorizada vista de aquel sombrío cuadro, cuando me acordé que en él no habían puesto jamás sus pequeñinas manos pecadoras de las mujeres, a quienes, desde tiempo inmemorial se les había usurpado todo derecho a intervenir en los asuntos públicos. ¡Dios sabe, me dije, si gran parte de las atrocidades jurídicas que se llaman leyes no se habrían perpetrado a no ser por esta secular usurpación!

Del anterior pensamiento nació el proyecto de ley que presenté a poco para 'la emancipación de la mujer'.

Todos los hombres serios de la Cámara miraron mi proyecto con esa cargante risita de desdén que los tales hombres serios tienen para todo aquello que no entienden."

Levantando su voz en oposición al proyecto de ley, nuestro hombre de estado y presidente de la Cámara, Don José de Diego, el 10 de febrero de 1909, según informó el *Diario de la Tarde*, negando que las mujeres aún no hubiesen reivindicado sus derechos (excepto el derecho al voto y la custodia de menores) dijo:

"Por 20 años he estudiado las leyes de nuestro país y no he encontrado que, aparte del derecho al voto, las mujeres en Puerto Rico no disfrutan de todos los derechos concedidos al hombre. Al llegar a su edad de mayoría, pueden concertar contratos, adquirir y disponer de propiedad, ejercer custodia y tutelaje; ni un solo derecho se le niega a ella; por el contrario, la ley le garantiza algunos privilegios que los hombres no gozan.

Nuestras leyes están llenas de la galantería que se inspira en la nobleza de caballeros castellanos que mataban o morían por una damisela trastornada!...

La división de los bienes gananciales es noble y generosa...otorgando igualdad a la mujer aún cuando el trabajo del varón es arduo y doloroso y el de la mujer es dulce y pasivo.''

El Presidente de la Cámara no mencionó el hecho de que en casos contenciosos, como el señor Canales le refutó, el hombre recibía la custodia de los niños. El interesante debate entre Canales y de Diego sobre los papeles tradicionales de la mujer fue un diálogo con la galantería opresiva que obscurecía la cuestión y acrecentaba las brisas del movimiento sufragista.

Aunque ese tipo de lenguaje era predecible, la tenacidad con que el movimiento sufragista se desarrolló no lo era. Por dos décadas después del cambio de soberanía de España a los Estados Unidos, Doña Ana Roqué de Duprey, Milagros Benet de Newton y otras mujeres lucharon por el sufragio para la mujer siendo victoriosas en el 1929 y pudiendo ejercer su derecho al voto por vez primera en el 1932.

Mientras tanto, las mujeres obreras de Puerto Rico, mayormente concentradas en las industrias del tabaco y la aguja, también comenzaban a convertirse en las heroínas poco reconocidas de las luchas por mejorar la desfavorable situación económica que el pueblo de Puerto Rico afrontaba.

Una heroína diferente emerge, libre de los convencionalismos de las clases altas y media, presta a rebelarse contra las normas sociales y dedicada a mejorar las condiciones y posibilidades de empleo y los derechos de la mujer. Luisa Capetillo, feminista radical, dirigente laboral, luce pantalones, escribe sobre la justicia social y dedica su publicación, *La Mujer*, a la liberación femenina, incluso abogando por el amor libre.

El libro que Capetillo escribió en el 1911, *Mi Opinión sobre las Libertades, Derechos de la Mujer como Compañera, Madre y Ser Independiente*, se considera como el primer manifiesto de liberación femenina en la isla.

Además de las mujeres que se destacaron en el campo educativo como Carmen Gómez Tejera, María Cadilla de Martínez, Antonia Sáez, Carlota Matienzo Román y otras, los comienzos del siglo XX vieron surgir la continua producción de obras de literatura de mujeres puertorriqueñas. Las poetas, Clara Lair y Julia de Burgos, ambas de alto valor lírico, también expresaron sus sentimientos feministas.

Julia, la más insigne poeta feminista de Puerto Rico, ha sido comparada con las grandes poetas de la América Latina, Gabriela Mistral de Chile y Juana de Ibarbourou de Uruguay.

Su poema, "A Julia de Burgos", es un reto a sí misma y a todas las mujeres para que cuestionen los patrones que la sociedad le impone a la mujer.

A principios de siglo, las mujeres también comenzaron a obtener logros en las profesiones: mujeres médicos y farmacéuticas abrieron el camino a las abogadas en 1917. Y, con el sufragio, en la primera elección con la participación de la mujer en el 1932, se eligió la primera legisladora, María Luisa Arcelay de Mayagüez. María M. de Pérez Almiroty, representando al Partido Liberal, se convirtió en la primera senadora en el 1936. En la década del 1940, el primer par de alcaldesas aparece, una en Guaynabo y una en Loíza. Ellas fueron las precursoras de la ilustre Doña Felisa Rincón de Gautier, electa por cuatro términos consecutivos como alcaldesa de la ciudad capital, San Juan, comenzando en 1946. En 1944, otra mujer hizo historia cuando fue elegida presidenta del Partido Liberal: Josefina Barceló de Romero fue la primera mujer en toda la América Latina en dirigir un partido político.

El caudal de mujeres que participan en el proceso político habiendo sido elegidas ha sido pequeño, pero constante. Hasta el 1980, 17 mujeres habían sido electas para ocupar 24 términos (algunas por más de uno) en el Senado y 13 por 23 términos en la Cámara de Representantes. Hoy día tenemos muchas mujeres en el gabinete, la judicatura, incluyendo una mujer juez del Tribunal Supremo, y muchas en todas las facetas de la vida cotidiana. Pero, como en los Estados Unidos y el resto del mundo, no estamos representadas en una proporción equitativa a nuestros números en la población. En los Estados Unidos la representación va incrementando en posiciones de liderato a nivel local como lo son las juntas de educación y las alcaldías. Nuestras aspiraciones no han cambiado drásticamente desde los días de las luchas por el sufragio hasta los días del Decenio de las Naciones Unidas para la Mujer que concluyó en Nairobi, Kenya en julio de 1985.

Olga Cruz Jiménez de Nigaglioni, cuando fue presidenta de la Comisión de lo Jurídico y Civil de la Cámara de Representantes de la Legislatura de Puerto Rico, resumió las aspiraciones de la mujer puertorriqueña así:

"Las mujeres puertorriqueñas lo que realmente queremos es justicia, no queremos suplantar a nadie, deseamos conservar nuestra feminidad sin necesidad de quema de brassieres, pero ansiamos un trato justo, una igualdad de oportunidades de participación; instrumentos legales eficaces para proteger nuestros derechos, que son los derechos de nuestros hijos, de nuestros esposos y hermanos. Que se erradique totalmente el discrimen y el trato jurídicamente inferior que dentro de la institución de la familia existe al colocar nuestro código civil a la mujer casada entre los incapaces para contratar y administrar bienes de la sociedad conyugal. Este trato jurídicamente inferior resulta hoy antisocial, los conceptos sociológicos de la familia moderna propenden a estimular el compañerismo, la división de tareas por igual y el reconocimiento de la valía humana por igual de cada miembro familiar. Nuestro movimiento femenino lo que pretende es un mundo mejor para todos nosotros y en especial para las futuras generaciones y que se nos reconozca nuestra valía humana."

Mucha de la antigua legislación a la cual se refería Canales y que Olga Cruz Jiménez de Nigaglioni nos recuerda ha sido suplantada por leyes que corrigen las injusticias en los derechos conyugales y de propiedad, eliminan leyes laborales proteccionistas y prohiben la discriminación en el empleo. Además, la Constitución del 1952 consagra la igualdad de la mujer incluyendo disposiciones que prohiben la discriminación en base al sexo. La Comisión sobre la Mujer asesora al Gobierno de Puerto Rico sobre el avance de la mujer.

La mujer puertorriqueña alejada de su terruño en los trópicos o la mujer puertorriqueña nacida en los Estados Unidos, ¿cómo se relaciona ella dentro del contexto histórico y la hermandad de la mujer? Ella ha tenido que afrontar el doble o el triple de la carga de la discriminación que las mujeres de las minorías enfrentan en los Estados Unidos, como mujeres, como puertorriqueñas, como personas de color o como miembros de un grupo lingüístico distinto.

Ruth Bader Ginsburg, nuestra flamante juez de la Corte Suprema de los Estados Unidos, cuando era profesora en la Universidad de Columbia, describía las demandas de la mujer en términos simples que concuerdan con las demandas de la mujer puertorriqueña:

"La mujer tiene derecho a una garantía imperecedera de que será tratada por la ley de acuerdo a sus necesidades, objetivos y aspiraciones individuales."

Deseamos que nuestra sociedad entienda quiénes somos, de dónde venimos, y cuáles son nuestros antecedentes históricos. Deseamos que se respete nuestra cultura, que nuestros modelos de excelencia sean propios, que nuestra lengua se reconozca como parte de nuestra identidad como grupo étnico dentro del gran tapiz de la nación.

Nuestra meta es borrar la historia de discriminación y mitos sobre nosotras, asegurarnos que nuestras mujeres sean reconocidas por sus contribuciones a la isla, a los Estados Unidos y al mundo, informar a nuestros conciudadanos sobre nuestra historia y sobre la gran necesidad que existe de reclamarla y difundirla.

La frase usada en un programa noticioso: "la necesidad de tener un sentido cabal sobre la historia" hace eco en la mujer de diversas razas y orígenes étnicos.

La imagen de la mujer en la cultura americana, de todas las mujeres, pero en especial de las mujeres de grupos minoritarios, ha sido obliterada y aparece borrosa ya que ha sido forjada por historiadores varones con visión miope y no ha sido cultivada por aquellos que producen los currículos y la planificación educativa.

La tarea de reclamar la historia hoy día va avanzando en América y en Puerto Rico, y las mujeres tenemos que ser sujetos y transmisoras de conocimientos sobre y por la mujer. Pero esta tarea de reclamación necesita incluir a la mujer de los grupos minoritarios ya que estamos rezagados en su colección. Tenemos pocos aliados en ese proceso. Los reconocidos repositorios de datos en la nación que han ido apareciendo en las últimas décadas para reclamar la historia de la mujer han estado solamente preocupados con la historia de la mujer blanca.

Los investigadores e historiadores están haciendo una labor digna de encomio pero cada una de nosotras debe colaborar ya que si no lo hacemos, como vaticina Lawrence Stone, "si la historia es para usarse como debe usarse, tanto para iluminar el pasado y para dar perspectiva para el futuro", esta visión estará trunca pues no estaremos en el kaleidoscopio que puede producir nuevos patrones de conducta basados en los antiguos, si no utilizando los mejores capítulos de nuestros antecedentes. Este deseo ha animado mis esfuerzos.

Reclamar la historia es tarea ardua y consume mucho tiempo pero es importante que la mujer se torne arquitecta de su historia si vamos a fortalecer nuestra hermandad y nuestra fuerza política. Nuestro ancestral pasado, hispano y puertorriqueño, debe formar parte de las tradiciones y el historial femenino del país.

La fuerza y unidad que puede hacer mucha diferencia en nuestro futuro común y en las posibilidades de crear un mundo más equitativo no ocurrirán si los medios de comunicación no ayudan a demostrar la riqueza y variedad de nuestras hazañas. Las faces que se ven en las pantallas de cine y televisión y que se graban en nuestras conciencias deben ser como es la realidad, un arcoiris de muchos colores. Los papeles que juegan las mujeres deben ser vitales y justos como dicen en Lake Wobegon:

> "donde las mujeres son fuertes y los hombres son bien parecidos..."

Las voces de la historia reclaman ser recordadas. Y debemos unirnos al clamor de lo que Arthur Schlesinger, Jr. llamó "las voces que los historiadores nunca esperaban escuchar..." Eso es precisamente lo que yo he tratado de hacer con este mi segundo libro sobre la mujer puertorriqueña. Urjo a todas las mujeres a que levanten sus voces y porten la antorcha que nuestra poeta feminista, Julia de Burgos, nos impulsa a hacer en su poema a sí misma, "A Julia de Burgos":

Tú eres solo la grave señora señorona; yo no; yo soy la vida, la fuerza, la mujer.

Tú eres de tu marido, de tu amo; yo no; Yo de nadie, o de todos, porque a todos, a todos, en mi limpio sentir y en mi pensar me doy...

Tú eres la dama casera, resignada, sumisa, atada a los prejuicios de los hombres; yo no; que yo soy rocinante corriendo desbocado olfateando horizontes de justicia de Dios.

Tú en ti misma no mandas; a ti todos te mandan; en ti mandan tu esposo, tus padres, tus parientes, el cura, la modista, el teatro, el casino, el auto, las alhajas, el banquete, el champán, el cielo y el infierno, y el qué diran social.

En mí no, que en mí manda mi solo corazón, mi solo pensamiento; quien manda en mí soy yo...

...Cuando las multitudes corran alborotadas dejando atrás cenizas de injusticias quemadas...

Yo iré en medio de ellas con la tea en la mano.

FROM THE PAGES OF

history...

DE LAS PAGINAS DE LA

historia...

he was born in Caguas, Puerto Rico on March 10, 1904. She received a Bachelor of Arts from the University of Puerto Rico in 1926 and a Doctor of Philosophy and Literature from the Universidad Central of Madrid in 1930. Her thesis was Garcilaso de la Vega: *Estudio de la Lírica Española del Siglo XVI* (Study of Spanish Lyricism in the 16th Century). It was published by the *Revista de la Filología Española* in Spain and by the University of Puerto Rico in 1970.

Forty-five years of dedication to the educational sphere, as lecturer and dean of the department of Hispanic studies at the University of Puerto Rico, and at Middlebury College, attest to her capabilities and sensibility. Some of her best known books are: *Impresiones y Notas Puertorriqueñas* (Puerto Rican Impressions and Notes) and *Estudios sobre Pales Matos* (Studies on Pales Matos), 1950; *Gabriela Mistral, Persona y Poesía* (Gabriela Mistral, Life and Poetry), 1959; an autobiography, and *La Obra Literaria de José de Diego* (José de Diego's Literary Work), 1968.

Her essays on Puerto Rican literature are excellent and she has contributed analytical articles, literary criticism and essays on poetry to many periodicals and magazines. Her husband was the famous Spanish sculptor, Compostela. In 1976, she ran for the Senate of Puerto Rico under the Independence Party banner, but was defeated at the polls. She was deceased on November 14, 1990 in San Juan and honored as one of Puerto Rico's most distinguished professors and writers.

MARGOT ARCE DE VAZQUEZ

argot Arce Blanco de Vázquez fue oriunda de Caguas donde nació el 10 de marzo de 1930. En 1926, recibió un Bachillerato en Artes de la Universidad de Puerto Rico y en 1930 un Doctorado en Filosofía y Letras de la Universidad Central de Madrid. Su tésis sobre Garcilaso de la Vega, *Estudio de la Lírica Española del Siglo XVI*, fue publicada en la *Revista de la Filología Española* en España y por la Universidad de Puerto Rico en 1970.

Dedicó cuarenta y cinco años a la enseñanza como profesora y decana del Departamento de Estudios Hispánicos de la Universidad de Puerto Rico y como conferenciante en el Colegio Middlebury. Sus libros más conocidos son: *Impresiones y Notas Puertorriqueñas y Estudios sobre Pales Matos*, (1950); *Gabriela Mistral, Persona y Poesía* (1959); una autobiografía y *La Obra Literaria de José de Diego* (1968).

Ensayista de gran sensibilidad, ha contribuido al entendimiento de la literatura puertorriqueña con sus artículos analíticos, críticas literarias y ensayos sobre poesía, publicados en revistas y en la prensa de Puerto Rico. Estuvo casada con el famoso escultor español, Compostela. En las elecciones del 1976, se postuló para un escaño en el Senado de Puerto Rico por el Partido Independentista pero fue derrotada. Falleció el 14 de noviembre de 1990 en San Juan y fue honrada como una de las profesoras y escritoras más distinguidas de la isla.

The first female representative in the House of Representatives of Puerto Rico, María Luisa Arcelay was elected in 1936 to represent the Coalition of the Republican Union and Socialist Parties for the District of Mayagüez.

Born in Mayagüez in 1907, she graduated from the University of Puerto Rico as an English professor and taught for several years while, at the same time, she served as a bookkeeper in several firms.

Later, she concentrated her business talents as director and administrator in the needlework industry. In eight years she established her own workshops and gave a big boost to the growth of the industry in the island, especially in embroidery and smocking.

Her advanced ideas always lent prestige to women's causes, and in 1976 she was honored as one of Puerto Rico's outstanding women during the celebration of International Women's Year.

La primera mujer representante
en la Cámara de Representantes
de Puerto Rico, en l936 Doña
María Luisa Arcelay representó la
Coalición de los Partidos Unión
Republicana y Socialista en la
legislatura insular por el Distrito
de Mayagüez.

Oriunda de Mayagüez, se graduó
como profesora de inglés de la
Universidad de Puerto Rico en
l907 y ejerció por varios años
mientras desarrollaba actividades
comerciales sirviendo como
tenedora de libros en varios negocios.

Concentró sus talentos para
el mundo de negocios en la
industria de la aguja como
directora y administradora. En
ocho años estableció sus propios
talleres y le dió gran impulso al
desarrollo de la industria del
bordado y el calado.

Sus ideas avanzadas han dado
prestigio a la causa de la mujer
puertorriqueña. En l976, fue
honrada con motivo de la
celebración del Año Internacional
de la Mujer como una de las
mujeres más sobresalientes
de Puerto Rico.

orn in Ponce, Puerto Rico, in 1907, María Teresa Babín obtained her Master of Arts from the University of Puerto Rico and a Doctorate in Philosophy and Literature from Columbia University. This well known literary critic and writer devoted many years to directing the department of Hispanic studies of the University of Puerto Rico at the Mayagüez College and the department of Puerto Rican studies at Lehman College in New York.

MARIA TERESA BABIN

Her literary output was prodigious. Among some of her works, the following stand out: *El Mundo Poético de Federico García Lorca* (The Poetic World of Federico García Lorca), 1954; *García Lorca: Vida y Obra* (García Lorca: His Life and Works), 1955; *Fantasía Boricua* (Puerto Rican Fantasy), 1956; *Panorama de la Cultura Puertorriqueña* (Panorama of Puerto Rican Culture), 1958; *La Hora Colmada* (The Full Hour), 1960; *Las Voces de tu Voz* (The Voices of your Voice) 1965; *Jornadas Literarias* (Literary Journeys), and *Siluetas Literarias* (Literary Silhouettes), 1967; *La Cultura de Puerto Rico* (The Culture of Puerto Rico), 1970.

Collaborating with Stan Steiner in 1974 she published *Borinquen: Antología de la Literatura Puertorriqueña* (Borinquen: Anthology of Puerto Rican Literature). María Teresa died on December 20, 1989.

*N*acida en Ponce en el l907, María Teresa Babín recibió una Maestría en Arte de la Universidad de Puerto Rico y un Doctorado en Filosofía y Letras de la Universidad de Columbia en Nueva York. Esta conocida escritora y crítica literaria, dedicó muchos años de su vida en la dirección de los Departamentos de Estudios Hispánicos y Estudios Puertorriqueños de la Universidad de Puerto Rico en el Colegio de Mayagüez y de Lehman College en Nueva York respectivamente.

Su haber literario fue prodigioso. Entre sus obras más notables se encuentran: *El Mundo Poético de Federico García Lorca* (l954); *García Lorca: Vida y Obra* (l955); *Fantasía Boricua* (l956); *Panorama de la Cultura Puertorriqueña* (l958); *La Hora Colmada* (l960); *Las Voces de tu Voz (1965); Jornadas Literarias* y *Siluetas Literarias* (l967); *La Cultura de Puerto Rico* (l970).

En colaboración con Stan Steiner publicó *Borinquen: Antología de la Literatura Puertorriqueña.* Maria Teresa falleció el 20 de diciembre de l989.

*M*yrna Báez was born in San Juan, Puerto Rico on August 18, 1931. Besides receiving a master's degree in science from the University of Puerto Rico, in 1957 she was certified as professor of drawing and painting at the Royal Academy of Arts of San Fernando in Madrid, Spain.

For a year she learned engraving under the tutelage of Lorenzo Homar at the Graphic Arts Shop of the Institute of Puerto Rican Culture and then continued her studies at the Pratt Graphic Arts Workshop in New York. She served as an arts professor at the University College of the Sacred Heart in Santurce, Puerto Rico.

Báez's paintings have been shown in individual expositions at the Institute of Puerto Rican Culture, the Panamanian Art Institute in Panama, the Ponce Art Museum and the Inter American University of San Germán.

She has also been featured in group expositions at the Museum of the University of Puerto Rico, the Institute of Puerto Rican Culture, the South American Gallery and the Riverside Museum of New York, the Randolph Gallery in Texas and Present Day Art of America and Spain in Madrid, as well as in the Salón Internacional de Marzo (International Hall of March) in Valencia, Spain.

She is the recipient of the following awards: Honorable Mention, Institute of Puerto Rican Culture Competition on Urban Landscapes, 1963; and First Prize in Painting, Christmas Festival, Puerto Rican Atheneum, in 1963 and 1967.

Her murals adorn the Bolívar Pagán School, the Medical Center in Río Piedras and the Olympic Swimming Pool in San Juan, Puerto Rico.

*E*lla nació en San Juan, Puerto Rico el 18 de agosto de 1931. Además de recibir una Maestría en Ciencias de la Universidad de Puerto Rico en 1951, fue licenciada como profesora de dibujo y pintura por la Real Academia de Bellas Artes de San Fernando en Madrid, España, en el 1957.

Durante un año, asistió al Taller de Artes Gráficas Pratt de Nueva York. Ha sido profesora de arte en el Colegio Universitario del Sagrado Corazón en Santurce, Puerto Rico.

Sus exposiciones individuales se han presentado en el Instituto de Cultura Puertorriqueña en San Juan, en el Instituto Panameño de Arte en Panamá, en el Museo de Arte de Ponce y en la Universidad Interamericana de San Germán en Puerto Rico.

Sus cuadros han sido expuestos en exposiciones de grupo en el Museo de la Universidad de Puerto Rico, el Instituto de Cultura Puertorriqueña, la Galería Suramericana del Museo Riverside en Nueva York, la Galería Randolph en Tejas, Arte Actual de América y España en Madrid y en el Salón Internacional de Marzo, en Valencia, España.

MYRNA BAEZ

Ha recibido los siguientes premios: Mención de Honor, Concurso de Paisaje Urbano del Instituto de Cultura Puertorriqueña en 1963; Primer Premio de Pintura, Festival de Navidad, Ateneo Puertorriqueño en 1963 y 1967.

Sus murales adornan la Escuela Bolívar Pagán, el Centro Médico de Río Piedras y la Piscina Olímpica en San Juan.

JOSEFINA BARCELO DE ROMERO

orn in Fajardo on February 14, 1901, daughter of the patrician figure, Antonio R. Barceló Martínez and Josefina Bird Arias, Josefina was educated at the College of the Sacred Heart in San Juan and at the College of the Sacred Heart in Albany, New York.

She married Antonio Romero Moreno, who went from engineering to the law, and they had three children, Gloria María Lefranc, Dr. Calixto Romero and the former governor of the island and mayor of San Juan, now Resident Commissioner Carlos Romero Barceló.

Always interested in politics, she shared with her father in the struggles of the Union Party of Puerto Rico and the Puerto Rican Liberal Party, founded by him. She participated actively in the 1932 campaign to register women when they attained the right to vote in Puerto Rico.

In 1936, she was the Liberal Party's candidate to the Mayoralty of San Juan. After her father's death in 1938, she was elected vice president of the Tripartite Puerto Rican Unification Party in 1941. In 1944 she was elected president of the Liberal Party of Puerto Rico by popular demand and thus became the first woman in Latin America to lead a

political party. She resigned that position in 1948, but continued her interest in political affairs as a delegate to the conventions of the New Progressive Party, presided over by her son, Carlos.

Her civic activities ranged from the Alumni Association of the College of the Sacred Heart, the Ladies Civic Club, and the Puerto Rican Chapter of the United Nations Association, to the Volunteer Corps of the Municipal Hospital of the Medical Center in Río Piedras. Doña Josefina died on April 16, 1979.

Natural de Fajardo e hija del patricio puertorriqueño Antonio R. Barceló Martínez y de Josefina Bird Arias de Barceló, Josefina fue educada en el Colegio de las Madres del Sagrado Corazón en Santurce y en el Colegio de las Madres en Albany, Nueva York.

Nacida el 14 de febrero de 1901, contrajo matrimonio con el ingeniero y luego abogado, Antonio Romero Moreno, con quien procreó tres hijos: Gloria María Lefranc, Dr. Calixto Romero y el Lic. Carlos Romero Barceló, ex gobernador y ex alcalde de San Juan y actualmente comisionado residente.

Interesada en la política del país, compartió con su padre las luchas del Partido Unión de Puerto Rico y del Partido Liberal Puertorriqueño fundado por él. Participó activamente en la campaña para inscribir a las mujeres en el 1932 cuando se les concedió el voto.

En 1936, fue nominada candidata por el Partido Liberal Puertorriqueño a la Alcaldía de San Juan. Después de la muerte de su padre en 1938, fue electa vicepresidenta del Partido Unificación Tripartita Puertorriqueña en 1941. En 1944, fue electa por aclamación como presidenta del Partido Liberal, convirtiéndose en la primera mujer en Hispanoamérica en presidir un partido político. Renunció su cargo en el 1948 pero siguió vinculada a la política como delegada a las asambleas del Partido Nuevo Progresista que presidió su hijo Carlos.

Sus actividades cívicas incluyeron participación en la Asociación de Antiguas Alumnas del Colegio del Sagrado Corazón, el Club Cívico de Damas, el Capítulo de Puerto Rico de la Asociación de las Naciones Unidas, y el Cuerpo de Voluntarias del Hospital Municipal en el Centro Médico de Río Piedras. Doña Josefina murió el 16 de abril de 1979.

Tali Benet Soto published a biography of Milagros Benet de Newton as part of the Puerto Rican-UNESCO-sponsored project of International Women's Year in 1975. Milagros was born in Cayey on November 22, 1868. Her father, Félix Benet, was the executive secretary of the Marquis de la Esperanza, the representative of the Spanish Crown in Puerto Rico. Her mother was Ulpiana Colón.

She was educated at the Colegio de las Madres in Santurce, the Normal School of the University of Puerto Rico and Yenches College at Columbia University. She specialized in teaching kindergarten and taught in Cayey, Ponce and San Juan.

A firm believer that manual arts should be taught in the public schools, she promoted passage of a law to allow instruction in sewing and embroidery in the schools, thus contributing significantly to the development of the needlework industry on the island.

During the First World War, she was secretary of the National Council for the Defense of Women and a supporter of the American Red Cross. She devoted her efforts to the Liberty and Victory Bonds program and to the Soldier's Home. She was awarded the patriotism medal and diploma of the U.S. Council for National Defense, as well as an award from the Red Cross and the

Elizabeth Butte Roosevelt Silver Cup of the Puerto Rican Chapter of the Red Cross.

In 1922, Milagros was appointed as an official delegate of the government of Puerto Rico to the Pan American Women's Conferences held in Baltimore and Washington, D.C. While attending the feminist congress in Baltimore, she visited with President Harding at the White House to request his support for the extension of women's suffrage to Puerto Rico.

She was a member of the League of Women Voters and of the Pan American Women's Association, which she presided over from 1923 to 1940, and was the first director from Puerto Rico of the Inter American Women's Union, serving from 1925 to 1935. She was also a member of the Consultative Group on Children's Year and directed the campaign to organize a Children's Health Day. She was the organizer of the Pan American Women's Association in Puerto Rico and the Dominican Republic and for many years since 1934 organized the traditional celebration of the Day of the Americas in Muñoz Rivera Park.

For a second time she talked to President Harding and to members of the U.S. Congress advocating suffrage for Puerto Rican women and requesting the

extension to Puerto Rico of the federal "vocational, maternity and children's law." She became president of the Social Suffragist League of Puerto Rico and vice president of the Puerto Rican Feminist League. In 1924, she obtained permission from the president of the Board of Elections in Puerto Rico to enter the electoral college in order to present a test case to the Supreme Court demanding the right of Puerto Rican women to register and vote. Her efforts bore fruit on April 13, 1929, when the right to vote was granted. Puerto Rican women exercised that right for the first time in the November elections of 1932.

Among the many civic organizations she founded or belonged to were: the Ladies' Civic Club, the Tuberculosis League, Catholic Daughters of America, and Women's Liberal Action. She was the first Puerto Rican who deposited Puerto Rican soil to cover the roots of a commemorative tree honoring Puerto Rico, planted in 1929 at the Pan American Union in Washington, D.C., when she was honorary president of the Puerto Rican Alliance Party. She died in San Juan in 1945.

Doña Milagros Benet de Newton, cuya biografía fue preparada por Tali Benet Soto como parte de un proyecto auspiciado por la Asociación Puertorriqueña de la UNESCO en el l975, Año Internacional de la Mujer, nació en Cayey el 22 de noviembre de l868. Su padre, Don Félix Benet, fue secretario ejecutivo del Marqués de la Esperanza, el representante de la Corona de España en Puerto Rico. Su madre fue Ulpiana Colón.

El Colegio de las Madres en Santurce y la Escuela Normal de la Universidad de Puerto Rico así como el Colegio Yenches de la Universidad de Columbia proveyeron su educación con especialización en la enseñanza de kindergarten. Ejerció en Cayey, Ponce y San Juan.

Firme propulsora de la enseñanza de artes manuales en las escuelas públicas, consiguió que se aprobara una ley ordenando que se enseñara bordado y costura en las escuelas públicas, contribuyendo significativamente así al desarrollo de la industria de la aguja en la isla.

Durante la Primera Guerra Mundial, fue secretaria del Consejo Nacional de Defensa de la Mujer y apoyó mucho a la Cruz Roja Americana. Empeñó sus esfuerzos en los programas de Bonos Liberty y Victory, en el Hogar del Soldado, y fue premiada por su trabajo por el gobierno de los Estados Unidos con un diploma otorgado por el Consejo Nacional de Defensa. También recibió la Medalla Pro Patria de la Cruz Roja Americana y la Copa de Plata Elizabeth Butte Roosevelt del Capítulo de Puerto Rico de la Cruz Roja.

En l922, Milagros fue nombrada delegada oficial del gobierno de Puerto Rico a las Conferencias Panamericanas de Mujeres celebradas en Baltimore y Washington. Se entrevistó con el presidente Harding mientras asistía al congreso feminista de Baltimore y le solicitó apoyo para la concesión del sufragio a la mujer puertorriqueña en cualquier legislación que afectara el futuro de la isla.

Fue miembro de la Liga de Mujeres Votantes y de la Asociación Panamericana de Mujeres que presidió del l923 al l940. Fue la primer miembro de Puerto Rico en la Junta de Directores de la Unión Interamericana de Mujeres en cuyo cargo se desempeñó desde el l925 hasta el l935. Perteneció al Cuerpo Consultivo para la celebración del Año del Niño y dirigió la campaña del Día Pro Salud del Niño. Ayudó a organizar la Asociación Panamericana de Mujeres en Puerto Rico y en la República Dominicana y desde el l934, dirigió por muchos años la celebración del Día de las Américas en el Parque Muñoz Rivera.

Volvió a entrevistarse con el presidente Harding y con miembros del Congreso estadounidense para recabar el sufragio para la mujer puertorriqueña y la extensión a Puerto Rico de la ley federal "vocacional, sobre la maternidad y los hijos".

Fue presidenta de la Liga Social Sufragista de Puerto Rico y vicepresidenta de la Liga Feminista Puertorriqueña. Consiguió permiso del Presidente de la Junta Insular de Elecciones para entrar en el Colegio Electoral como electora para presentar un caso de prueba ante el Tribunal Supremo exigiendo el derecho de la mujer puertorriqueña a inscribirse y votar en el l924. El l3 de abril de l929, vió coronados sus esfuerzos cuando se le extendió el derecho al voto a las mujeres puertorriqueñas, ejerciéndolo por vez primera en noviembre de l932.

Entre las muchas organizaciones cívicas que fundó o a las cuales perteneció se encuentran: el Club Cívico de Damas, La Liga Antituberculosa, las Hijas Católicas de América, y Acción Liberal de Mujeres. Fue la primera mujer y única puertorriqueña que llevó tierra de su patria para cubrir las raíces de un árbol conmemorativo sembrado en los jardines de la Unión Panamericana en Washington en 1929, cuando presidía honoríficamente el Partido Alianza Puertorriqueña. Falleció en San Juan en l945.

*P*rovocative speaker and gifted newspaper columnist, Celeste Benítez was born in Santurce, Puerto Rico on November 23, 1935. She studied in the Sacred Heart Academy her elementary and secondary levels and received her Bachelor of Arts degree in the humanities at the University of Puerto Rico, where she graduated Magna Cum Laude in 1956. She also studied for a doctorate in philosophy at the University of Munich in Germany from 1957 to 1961.

Her experience in the education field is varied and includes the directorship of the departments of humanities at the Regional Colleges of Humacao and Arecibo. She was also a professor in the humanities department and the general studies faculty at the Río Piedras campus of the University of Puerto Rico. She occupied the post of secretary of education of the Commonwealth in 1973 and from 1991 to 1992.

From her marriage to a member of the Legislature of Puerto Rico, Roberto Rexach Benítez, she has two children, and none from her marriage to Salvador Rodríguez Aponte, fomerly director of the Puerto Rico Telephone Company.

With a political orientation and charismatic personality, Celeste won an at-large seat in the Senate of Puerto Rico in 1976. She had run for mayor of San Juan in 1980 and was narrowly defeated. During different facets of her career she has written columns and articles in Puerto Rico's press on various topics of importance to the political life of the island and has been a savvy television political commentator. She was the first female executive director of a newspaper, *El Reportero*. She is an outstanding organizer of massive concentrations of women and mobilizer of political fundraising campaigns for the Popular Democratic Party.

In 1993, she directed the Popular Democratic Party's campaign (pro Commonwealth status) in the plebiscite, held to gauge support for the three political formulas the Puerto Rican electorate was considering: statehood, independence, and Commonwealth status. The victory of the Commonwealth status option is ascribed to her brilliant campaign strategy and to the inclusion of young people in the effort she mobilized. She is the Popular Democratic candidate for resident commissioner for the 1996 election.

CELESTE BENITEZ

Celeste Benítez, excelente oradora y escritora de artículos en los periódicos puertorriqueños, nació el 23 de noviembre de 1935 en Santurce. Cursó estudios elementales y superiores en la Academia del Sagrado Corazón y obtuvo un Bachillerato en Humanidades de la Universidad de Puerto Rico, Magna Cum Laude, en 1956. También cursó estudios postgraduados en la Universidad de Munich, Alemania del 1957 al 1961 hacia un Doctorado en Filosofía.

Su experiencia en el ámbito educativo incluye la dirección de los Departamentos de Humanidades de los Colegios Regionales de Humacao y Arecibo. Se desempeñó como profesora del Departamento de Humanidades y de la Facultad de Estudios Generales de la Universidad de Puerto Rico en el Recinto de Río Piedras. Ocupó el cargo de secretaria del Departamento de Instrucción Pública en el 1973 y del 1990 al 1992.

De su matrimonio con el representante a la Cámara, Roberto Rexach Martínez, tiene dos hijas, y ningún hijo de su matrimonio con Salvador Rodríguez Aponte, ex director de la Compañía Telefónica de Puerto Rico.

Con orientación y gran perspicacia política, Celeste luchó por un escaño en el Senado de Puerto Rico y fue electa senadora por acumulación en el 1976. Se postuló para la Alcaldía de San Juan en 1980 y fue derrotada por un pequeño margen. Durante varias facetas de su brillante carrera ha escrito para los diarios de San Juan sobre una variedad de tópicos de importancia en la vida política del país y ha sido una astuta comentarista de televisión. Fue la primera mujer en ser directora ejecutiva de un rotativo, *El Reportero*. Es una extraordinaria organizadora de concentraciones políticas de mujeres y movilizadora de campañas de recaudación de fondos para el Partido Popular.

En 1993, dirigió la campaña del Partido Popular Democrático (en pro del Estado Libre Asociado, ELA) en el plebiscito para consultar al electorado sobre las tres formulas políticas: estadidad, independencia y ELA. La victoria del ELA se estima se debió en gran medida a su brillante estrategia que incluyó a los jóvenes en el esfuerzo que ella desplegó. Es la candidata del Partido Popular Democrático para comisionado residente en las elecciones de 1996.

MARIANA BRACETTI

Nicknamed "Brazo de Oro" (Golden Arm) by her fellow revolutionaries, Mariana Bracetti was a revolutionary leader, born in Añasco, Puerto Rico in 1840. She embroidered the Banner of Lares, designed by Dr. Ramón Emeterio Betances, which waved in the wind as a symbol of the First Republic of Puerto Rico, proclaimed in 1868 as a result of the uprising known as the "Grito de Lares."

She played a prominent role in the insurrection against Spanish rule with her second husband, Manuel Rojas, also a leader in the independence movement. Both were members of the Lares Revolutionary Board, founded on February 24, 1868. Imprisoned, she was released after a short while as amnesty was granted to political prisoners by the Spanish government. While in prison, she aborted a baby she was carrying.

Her third husband was Santiago Labiosa. She is believed to have passed away in 1904 or thereabouts in her native Añasco, suffering from aphasia.

on el apodo "Brazo de Oro" fue bautizada Mariana Bracetti por sus correligionarios de la revolución de Lares. Nacida en Añasco, Puerto Rico, en el 1840, Mariana bordó la bandera diseñada por el Dr. Ramón Emeterio Betances. Dicha bandera fue enarbolada en Lares, simbólica de la primera República de Puerto Rico proclamada en 1868 en la insurrección contra el gobierno español que culminó en el "Grito de Lares".

Ella desempeñó un papel de vital importancia en la revolución con su segundo esposo, Manuel Rojas, quien también fue líder del movimiento independentista. Ambos fueron miembros de la Junta Revolucionaria de Lares fundada el 24 de febrero de 1868. Recobró su libertad un corto tiempo después de haber sido encarcelada, como resultado de la amnistía que el gobierno español concedió a los presos políticos. Durante su encarcelamiento abortó la criatura que llevaba en sus entrañas.

Su tercer marido fue Santiago Labiosa. Se estima que murió en Añasco, alrededor del año 1904, afásica y debilitada.

Julia de Burgos, literary pseudonym of Julia Constancia Burgos García, was born in Carolina on February 17, 1917, the oldest of thirteen children. She worked as a teacher in Coamo after graduating from the University of Puerto Rico. The private edition of her first poems was published in 1937 when she was 21 years old and was titled *Poemas Exactos a mí Misma* (Exact Poems to Myself). In 1938, she published *Poemas en Veinte Surcos* (Poems in Twenty Furrows) and the following year *Canción de la Verdad Sencilla* (Song of the Simple Truth), which received an award from the Institute of Puerto Rican Literature.

Separated from her first husband, she left for New York in 1940. She wrote for various Cuban and United States newspapers. She always believed firmly in the need for social reform and radical improvement of the working class of Puerto Rico and was also a staunch supporter of political independence for the island.

A woman of great sensibility, rebellious spirit and exceptional intelligence, Julia de Burgos is classified as a great contemporary poet, not only of Puerto Rico but of all Latin America.

Her poetry, full of lyric tonality, metaphysical preoccupations and a pronounced love, reflects her involvement with social change.

In 1953, she died tragically in New York and was buried in a potter's field. Her widower, Armando Marín, and the Circle of Ibero American Writers and Poets (CEPI) of New York took her remains to Puerto Rico, where they were buried near the Río Grande of Loíza, the river which inspired one of her most memorable poems. The Institute of Puerto Rican Culture published her works, including some unpublished ones and a posthumous book, *El Mar y Tú* (The Sea and You).

In her poem "A Julia de Burgos" (To Julia de Burgos), she challenges herself and women in general to think about the strictures, laws, rules and patterns, ethical and social, which society imposes upon them.

A documentary film on her life by José García Torres and Héctor Moll's Community Education Division gives a more rounded view of Julia's life.

J U L I A   D E   B U R G O S

Es el seudónimo literario de Julia Constancia Burgos García, quien nació en Carolina el 17 de febrero de 1917, la mayor de 13 hijos. Trabajó como maestra en Coamo después de haberse graduado de la Universidad de Puerto Rico. La edición privada de sus primeros poemas fue publicada cuando tenía 21 años de edad, titulada *Poemas Exactos a mí Misma*. En 1938, publicó *Poemas en Veinte Surcos* y el próximo año, *Canción de la Verdad Sencilla*, que recibió un Premio del Instituto de Literatura Puertorriqueña.

Separada de su primer marido, marchó hacia Nueva York en 1940. Se desenvolvió como periodista en varios diarios de Cuba y los Estados Unidos. Siempre fue firme en su creencia en la necesidad de reformas sociales y mejoras radicales en beneficio de la clase obrera en la isla. También creyó vehementemente en la independencia para Puerto Rico.

Mujer de gran sensibilidad, espíritu rebelde e inteligencia excepcional, Julia de Burgos ha sido clasificada como una gran poetisa, no tan sólo de Puerto Rico sino de toda Hispanoamérica. Su poesía, pletórica de tonalidades líricas, preocupaciones metafísicas y de un acentuado ardor amoroso, refleja su preocupación por el cambio social.

En 1953, encontró su muerte trágicamente en Nueva York y fue enterrada en un cementerio para desconocidos. Su viudo, Armando Marín, y el Círculo de Escritores y Poetas Iberoamericanos (CEPI) de Nueva York trasladaron sus restos a Puerto Rico, donde descansan a la orilla del Río Grande de Loíza, que ella inmortalizó en un poema. El Instituto de Cultura Puertorriqueño publicó su obra, incluyendo varios tomos inéditos y su libro póstumo, *El Mar y Tú*.

Julia de Burgos, en su poema "A Julia de Burgos", arroja un reto o desafío a sí misma y a la mujer que tiene que vivir de acuerdo a las leyes, normas o moldes sociales y éticos que la sociedad le impone.

José García Torres hizo un documental sobre la vida de la gran poetisa y Héctor Moll, de la División de Educación de la Comunidad, hizo una película que dan una versión más amplia de la vida de Julia.

ANGELA (ANGIE) CABRERA

Born of Puerto Rican parents on June 12, 1927, and raised in the United States, Angela Cabrera served as deputy director of the Women's Division of New York State, appointed by Governor Hugh L. Carey in 1975. She currently works for the Department of Commerce of the State of New York.

Since 1972 she had served as director of public relations and community affairs of the Puerto Rican Forum in New York. She was active in developing the community relations program, which involved a variety of Hispanic organizations, clubs and municipal groups and was instrumental in coordinating the National Hispanic Coalition in 1972.

Prior to joining the Forum, she founded Capital Formation, Inc. to help small businesspersons, especially Hispanics. She served as personal assistant and secretary to the late Senator Robert F. Kennedy. For ten years she worked at the Tourism Office of the Government of Puerto Rico in New York and as secretary of the Casals Festival.

Formerly married to Puerto Rican architect Robert Cabrera, Angie has been affiliated with and active in numerous Hispanic organizations and causes, such as: ASPIRA; the Alliance for Latin Arts; the National Conference of Puerto Rican Women, over which she presided; the Puerto Rican Family Institute; the Citizens Union; the First Woman's Bank; and the National Association of Minority Businesswomen.

A Democrat active in politics at the local and national level, Angie served as vice president of New York State's Democratic Party and was a member of the Compliance Review Commission created to review the procedures of the National Democratic Party, as well as of the Credentials Committee. In 1972, she was a member of the Delegate Selection Commission and of the Executive Committee of the Democratic Party which wrote the new regulations.

She was a member of the Hispanic Advisory Group of President Jimmy Carter.

Nacida de padres puertorriqueños el l2 de junio de l927 y criada en los Estados Unidos, Angela Cabrera se distinguió en la posición de subdirectora de la División de la Mujer del Estado de Nueva York, cargo que asumió en l975, nombrada por el gobernador Hugh L. Carey. Actualmente ocupa una posición en el Departamento de Comercio estatal.

Se desempeñó como directora de relaciones públicas y asuntos de la comunidad del Foro Puertorriqueño (Puerto Rican Forum) en Nueva York desde el l972. Desarrolló el programa de relaciones de la comunidad en el cual involucró una variedad de organizaciones hispanas, clubes y grupos municipales. Fue miembro clave en la coordinación de la Coalición Nacional Hispana en el l972.

Antes de dedicar sus esfuerzos al Foro, fundó la firma *Capital Formation, Inc.* para ayudar a pequeños negocios hispanos y anteriormente fue secretaria personal y ayudante especial del finado Senador Robert F. Kennedy. Por diez años, trabajó en la Oficina de Turismo de Puerto Rico en Nueva York y se desempeñó como secretaria del Festival Casals.

Angie estuvo casada con el arquitecto puertorriqueño, Robert Cabrera, y ha participado activamente en numerosas organizaciones hispanas tales como ASPIRA, la Alianza para las Artes Latinas, la Conferencia Nacional de Mujeres Puertorriqueñas, la cual presidió, el Instituto de la Familia Puertorriqueña, la Unión de Ciudadanos, el *First Women's Bank* y la Asociación Nacional de Mujeres Minoritarias de Negocios.

Demócrata activa en la política a nivel nacional, fue vicepresidenta del Partido Demócrata del estado de Nueva York, miembro de la Comisión para la Revisión de Normas del Partido Demócrata Nacional, del Comité de Credenciales, del Comité de Selección de Delegados en l972 y del Comité Ejecutivo del Partido, el cual esbozó los reglamentos.

También fue miembro del Comité Asesor Hispano del Presidente Jimmy Carter.

MARIA CADILLA DE MARTINEZ

*W*riter, poet, master of folklore, historian and painter, María Cadilla was born in Arecibo on December 21, 1886. In 1902, she studied in the United States at the Washington Institute and then at the University of Puerto Rico, where she was granted her diplomas as primary and secondary grades teacher and later a Master of Arts degree in 1930. In 1913, she had studied agriculture and home economics at the Agriculture and Mechanical Arts College in Mayagüez. In 1933, she moved to Madrid and obtained a Doctorate in Philosophy and Letters from the Central University. For many years she taught in Puerto Rico at all levels, from primary to higher education.

Her pedagogic pursuits developed in tandem with her research and writing activities. Her works are primarily about our history, customs, folklore and traditions. They range from short stories to poetry, to sociologic and biographic essays. Her books *Cantos y Juegos Infantiles de Puerto Rico* (Puerto Rican Songs and Children's Games), published in 1938, and *Raíces de la Tierra* (Roots from the Earth), in 1941, focus on Puerto Rican songs, legends and other traditional narratives and their historic and folkloric origin. Puerto Rican folklore was enriched by her valuable efforts to preserve our traditions and heritage.

Among her other works, the following stand out: *Cuentos a Lillian* (Stories for Lillian), 1925; *La Poesía Popular en Puerto Rico* (Popular Poetry in Puerto Rico), 1933; *La Mística de Unamuno* (Unamuno's Mystique), 1934; *La Campesina de Puerto Rico* (The Puerto Rican Peasant), 1937; *Costumbres y Tradicionalismos de mi Tierra* (Customs and Traditions of my Country), 1939; *Hitos de la Raza* (Milestones of the Race), 1945; and *Rememorando el Pasado Heroico* (Remembering our Heroic Past), 1946.

She was married in 1903 to the architect and painter Julio Tomás Martínez Mirabal. Of their children, only two reached maturity, Tomasita and Mariíta.

As vice president and member of the Suffrage Association of Puerto Rico and of the Insular Association of Women Voters, she defended women's rights.

She studied drawing and painting with Francisco Oller and piano with Federico Ramos, Federico Montero and Trina Padilla de Sanz. Among the many distinctions she received, the following awards stand out: the St. Louis Medal from France, an award from Andrha Pradesh University in India, Americas in the United States and Mexico, the Folklore Society of Mexico, the Dominican Academy of History, the Pan American Folklore Circle of Brasil, the University of Tucuman in Argentina, the American International Academy in the United States and the Puerto Rico Atheneum. Her essay, "Ethnography of Puerto Rico," won her a gold button at the Sorbonne. She was the only female member of the Academy of History of Puerto Rico.

On August 21, 1951, Dr. María Cadilla de Martínez, who used the pseudonym "Liana," died in Arecibo, a town that honors her memory in its high school's name.

*P*oeta, escritora, folklorista, historiadora y pintora, María Cadilla nació en Arecibo el 21 de diciembre de 1886. En 1902, cursó estudios en el Instituto de Washington en los Estados Unidos. La Universidad de Puerto Rico le otorgó los títulos de maestra de instrucción primaria y secundaria además de una Maestría en Artes en el 1930. En 1913, estudió agricultura y ciencias domésticas en el Colegio de Agricultura y Artes Mecánicas de Mayagüez. Se doctoró en Filosofía y Letras en la Universidad Central de Madrid, en España, donde residió desde el 1933. Trabajó en Puerto Rico como maestra durante muchos años, desde el nivel primario al universitario.

Sus labores pedagógicas marchaban a la par con las de investigadora incansable y escritora. Sus obras giran principalmente en torno a nuestra historia, costumbres, folklore y tradiciones y abarcan desde el cuento y la poesía hasta el ensayo de interés sociológico y biográfico. Sus libros *Cantos y Juegos Infantiles de Puerto Rico* en 1938 y *Raíces de la Tierra* en 1941 recogen los cantos y juegos además de las leyendas y otras narrativas tradicionales puertorriqueñas enfocándolas en su origen histórico y folklórico. El folklore del país se fortaleció con sus trabajos que constituyen uno de los esfuerzos más valiosos realizados en Puerto Rico para conservar nuestro patrimonio tradicional.

Otras de sus obras notables fueron: *Cuentos a Lillian* (1925); *La Poesía Popular en Puerto Rico* (1933); *La Mística de Unamuno* (1934); *La Campesina de Puerto Rico* (1937); *Costumbres y Tradicionalismos de mi Tierra* (1939); *Hitos de la Raza* (1945) y *Rememorando el Pasado Heroico* (1946).

En 1903, contrajo nupcias con el arquitecto y pintor, Julio Tomás Martínez Mirabal, y tuvo varios hijos, solo dos de los cuales llegaron a la madurez, Tomasita y Mariíta.

Tenaz en las luchas feministas desde su comienzo, fue vicepresidenta de la Asociación Femenista para el Sufragio de Puerto Rico y de la Liga Cívica de Mujeres Votantes.

Recibió muchas distinciones, entre otras: La Orden de San Luis de Francia; Universidad de Andhra Pradesh en India; grupo Américas de los Estados Unidos y México; Sociedad Folklórica de México; Academia Dominicana de la Historia; Círculo Panamericano del Folklore de Brasil; Universidad de Tucumán en Argentina; Academia Internacional Americana y Ateneo de Puerto Rico. Su ensayo, "Etnografía de Puerto Rico", le mereció un botón de oro en la Sorbona. Fue la única mujer miembro de la Academia Histórica de Puerto Rico.

El 21 de agosto de 1951, la Dra. María Cadilla de Martínez, quien usó el seudónimo, "Liana", murió en Arecibo, pueblo que conmemora su nombre en su Escuela Superior.

She was an exceptional woman who participated in the formation of the first artisan groups organized by the Free Federation of Labour in urban centers in Puerto Rico. She also participated in a crusade on sugar plantations to raise class consciousness among workers.

Luisa's conception of women's active participation in the working class struggles of her era was considered very radical. She espoused a new ideology rejecting the "ideal woman," frail, weak, socially pure, morally superior and passive.

She was a reporter for the newspaper *Unión Obrera* (Labor Union) and established the journal *La Mujer* (Woman), devoted to women's issues. In her writings she defended libertarian socialism, rationalism, internationalism and women's liberation, including the defense of free love. She condemned religious fanaticism, the double standard, women's slavery in marriage, and economic exploitation in the factories.

A challenger of social conventions, she is believed to have been the first woman to wear slacks in public in Puerto Rico. Three children she bore outside the marriage institution were never allowed to use their father's name.

Her writings include *Ensayos Libertarios* (Liberation Essays), 1904 to 1907; *Influencias Modernas* (Modern Influences), 1916; and *Mi Opinión sobre las Libertades, Derechos de la Mujer como Compañera, Madre y Ser Independiente* (My Opinion about the Liberties and Rights of Women as Companions, Mothers and Independent Beings), 1911. This last book could be considered as the first women's rights manifesto in Puerto Rico.

*L*uisa Capetillo fue una mujer excepcional que participó en la formación de los primeros grupos artesanos organizados por la Federación Libre del Trabajo en centros urbanos en Puerto Rico. También participó en una cruzada en las siembras de caña de azúcar para levantar conciencia sobre las clases sociales entre los trabajadores.

La concepción de Luisa sobre la participación activa de la mujer en la lucha de las clases trabajadoras fue considerada como una bien radical. Ella adoptó una nueva ideología al rechazar la "mujer ideal", frágil, débil, pura socialmente, moralmente superior y pasiva.

Fue periodista para el periódico *Unión Obrera* y estableció la revista *La Mujer* consagrada a temas de la mujer. En sus escritos defendió el socialismo liberal,el racionalismo, el internacionalismo y la liberación de la mujer, incluyendo la defensa del amor libre. Condenó el fanatismo religioso, los dobles principios, la esclavitud de la mujer en el matrimonio y la explotación económica en las fábricas.

Retadora de convenciones sociales, se cree que ha sido la primera mujer en usar pantalones en público en Puerto Rico. Crió tres niños fuera de la institución del matrimonio y nunca les permitió utilizar el apellido del padre.

Entre sus escritos se encuentran *Ensayos Libertarios*,1904-1907; *Influencias Modernas*, 1916; y *Mi Opinión sobre Las Libertades, Derechos de La Mujer como Compañera, Madre y Ser Independiente,* 1911. Este último libro podría ser considerado como el primer manifiesto de los derechos de la mujer en Puerto Rico.

*A*ctress Miriam Colón is a well known figure in the United States. The talented and famous Puerto Rican, born in Ponce to Teodoro and Josefa Quiles, had a fragmented childhood, dividing her time between her father's and mother's homes since they were divorced when she was very young.

At 13, when she was cast in the primary role of the school production of Alvarez Quintero's *La Azotea* (The Roof), she had already made up her mind that the stage would be her career. At 15, she had a small part in a University of Puerto Rico drama department production of *Milagro de San Antonio* (San Antonio's Miracle) and afterwards she continued her collaboration with the University's traveling theater while she was still in high school.

When she was 19, the University of Puerto Rico set up a special scholarship for her to study at the Dramatic Workshop and Technical Institute on Broadway. Afterwards she was admitted to Elia Kazan's Actors Studio.

A Broadway role in *The Summer House* was the first in a series of triumphs which led her to Hollywood, where she stayed for seven years. She has starred on hundreds of television shows and on countless Broadway shows.

Her screen exposure runs the gamut of roles such as the one she played in *One-Eyed Jacks* and *Appaloosa* with Marlon Brando and the *Possession of Joel Delaney*. More recently she made a cameo appearance in the *Mambo Kings* film.

An early marriage was fleeting. In 1966, she remarried to a securities analyst, George P. Edgar.

The University of Puerto Rico Traveling Unit influenced her and inspired her to found the Puerto Rican National Theater in 1967. As executive director, this petite woman is the dynamic force behind its productions, a wide spectrum from drama to farce.

Under New York City's Summer Task Force sponsorship, the Puerto Rican Traveling Theater started their cameo presentations of René Marqués' *The Oxcart*, Luis Rafael Sánchez's *The Passion of Antígona Perez*, Piri Thomas' *The Golden Streets* and scores of others, giving recognition and lustre to Puerto Rican playwrights.

The foundation-supported theater, now in its own building in New York, stretches its resources to include a laboratory and training unit and classes for choral singers. It continues to present the outstanding plays of Puerto Rican writers and to keep the Puerto Rican heritage alive in the streets of New York City.

El nombre de la actriz Miriam Colón es bien conocido en los Estados Unidos. La famosa y talentosa puertorriqueña nacida en Ponce a Teodoro y Josefa Quiles tuvo una niñez fragmentada por la división entre sus padres quienes se divorciaron cuando ella era bien joven.

A los 13 años, cuando representó el papel principal en el elenco de la producción escolar de *La Azotea* de Alvarez Quintero decidió hacer su carrera en el teatro. A los 15 años, logró un pequeño papel en la producción del Departamento de Drama de la Universidad de Puerto Rico del *Milagro de San Antonio*. Subsecuentemente, durante sus estudios de escuela superior, continuó su colaboración con el Teatro Rodante de la Universidad.

Cuando cumplió 19 años, la Universidad de Puerto Rico le otorgó una beca especial para proseguir estudios en el Taller Dramático y en el Instituto Técnico de Broadway. De ahí pasó al Estudio de Actores de Elia Kazan.

Un papel en Broadway en *The Summer House* (La Casa de Verano) fue el primero en una serie de actuaciones triunfales que la llevaron a Hollywood donde permaneció por siete años. Además de participar en centenares de espectáculos en la televisión, ha representado numerosos papeles en producciones teatrales en Broadway y también ha desempeñado variados papeles cinematográficos tales como los que jugó en *One-Eyed Jacks* y *Appaloosa* con Marlon Brando y en *The Possession of Joel Delaney*. Más recientemente hizo un papel "cameo" en *Mambo Kings*.

Su primer matrimonio fue fugaz y en 1966 volvió a contraer nupcias con un analista de valores, George P. Edgar.

La influencia del Teatro Rodante de la Universidad de Puerto Rico la inspiró a crear el Teatro Nacional Puertorriqueño en 1967. Como su Directora Ejecutiva, esta diminuta mujer es la fuerza motriz que ha impulsado sus producciones a través de los años, desde drama hasta farsas. Bajo el patrocinio de los programas de recreo de verano de la Ciudad de Nueva York, el Teatro comenzó a presentar obras que dan lustre a los dramaturgos puertorriqueños: *La Carreta* de René Marqués, *La Pasión Según Antígona Pérez* de Luis Rafael Sánchez, *Las Calles Doradas* de Piri Thomas y muchas otras.

En su nuevo edificio en Nueva York, subvencionado por fundaciones, el Teatro continúa la tradición de estirar sus recursos para operar un laboratorio y una clase para cantantes corales.

*S*he was born and raised in Brooklyn, New York and received a Bachelor of Arts from Richmond College and a Master of Public Administration from Long Island University (C.W. Post). She attended Harvard Business School for business and management training and has also furthered her education through studies offered by the Aspen Institute for Humanistic Studies and courses offered by the firm she has represented since 1979, AT&T.

As district manager of government relations for AT&T, she represents the company and its interests to all branches of government, atlocal, state, federal and international levels and is an active lobbyist of Congress and the Executive Branch.

Bilingual in English and Spanish, she interprets Hispanic issues to her corporation and acts as a spokesperson before community and political organizations.

In 1982, the President of the United States appointed her as U.S. Ambassador to the UNICEF executive board. She acted as head of the U.S. Delegation and during her tenure UNICEF's

financial support was increased, influencing program assistance in the areas of child health, nutrition, water supply, sanitation and education. She conducted site visits to many places in Central and South America and East and West Africa.

Very active in Republican politics for a long time, Di Martino was elected delegate at large to the 1984 Republican National Convention and served as both local and state Republican Committeewoman from 1973 to 1983.

Her unstinting support for Hispanic organizations has

merited her many awards and accolades. Among others, she served on the boards of the National Council of La Raza, the National Association of Latino Elected and Appointed Officials (NALEO), the Congressional Hispanic Caucus Institute, the National Hispanic Corporate Council, the New York State Hispanic Chamber of Commerce, and the Hispanic Women's Center. She was a commissioner in Mayor Koch's Commission on Hispanic Concerns, the New York Commission on the Status of Women, and New York State Civil Rights Commission's Advisory Committee.

Ms. Di Martino has served on many international missions, on the selection board of the U.S. Information Agency, and on many United Way activities. She worked for the New York State Department of Commerce from 1974 to 1978 and her interest in business matters is evidenced in a variety of boards on which she has served over the years. The many special awards she has received reflect the breadth and depth of her commitment and interest in Puerto Rican, Hispanic, business, women and international causes. She is the mother of Vickie Ann, Anthony and Celeste.

ita Di Martino nació y fue criada en Brooklyn, Nueva York. Recibió un Bachillerato en Artes de Richmond College y una Maestría en Administración Pública de la Universidad de Long Island (C.W. Post). También recibió adiestramiento en gerencia y negocios en la Universidad de Harvard, cursó estudios en el Instituto de Estudios Humanísticos de Aspen y tomó cursos ofrecidos por la firma que viene representando desde el 1979, AT&T.

Como gerente de distrito de relaciones gubernamentales para la AT&T representa la compañía y sus intereses ante todas las ramas gubernamentales a nivel local, estatal, federal e internacional. Es una cabildera diligente ante el Congreso y la rama ejecutiva.

Bilingüe en inglés y español, ella interpreta los asuntos hispanos para su corporación y actúa como portavoz ante las organizaciones de la comunidad y entidades políticas.

En 1982, el Presidente de los Estados Unidos la nombró como Embajadora de los Estados Unidos ante la Junta Ejecutiva del UNICEF. Presidió la Delegación de los Estados Unidos y durante su incumbencia aumentó el apoyo financiero al UNICEF influenciando así sus programas de ayuda en las áreas de salud infantil, nutrición, abastecimiento de agua, sanidad y educación. Condujo visitas de inspección a muchos lugares en Centro y Sur América y en Africa Oriental y Occidental.

Activa en los círculos republicanos de la política por mucho tiempo, Di Martino fue electa delegada a la Convención Nacional Republicana en 1984 y se desempeñó como miembro de los comités locales y estatales del Partido Republicano desde el 1973 al 1983.

Su inexhaustible apoyo a las organizaciones hispanas, le ha merecido muchos premios y reconocimientos. Entre otros, ha sido miembro de la Junta del Concilio Nacional de La Raza, la Asociación Nacional de Oficiales Hispanos Electos y Nombrados, el Instituto del Caucus Congresional Hispano, el Consejo Corporativo Nacional Hispano, la Cámara de Comercio Hispana de Nueva York, y el Centro Hispano de la Mujer. Fue comisionada en la Comisión sobre Asuntos Hispanos, designada por el alcalde Koch, la Comisión Estatal de la Mujer, y el Consejo Asesor de la Comisión Estatal de Derechos Civiles.

Rita ha participado en innumerables misiones internacionales, fue miembro de la Junta de Selección de la Agencia de Información de Estados Unidos y en muchas actividades de los Fondos Unidos. Trabajó del 1974 al 1978 en el Departamento Estatal de Comercio de Nueva York y su interés en asuntos de negocios se evidencia en una variedad de juntas en las cuales ha servido a través de los años. Los reconocimientos y honores que ha recibido reflejan la firmeza de su compromiso con asuntos puertorriqueños, hispanos, de negocios, de la mujer y con causas internacionales. Es madre de Vickie Ann, Anthony y Celeste.

RUTH FERNANDEZ

An outstanding figure in popular music in Puerto Rico for more than five decades, Ruth Fernández is considered one of the most talented and versatile artists produced by the island. She was born in Ponce on May 23, 1919, where she finished her elementary and secondary education.

Her talent was evident early in her childhood and her professional performances started when she was attending high school. Her first engagements were on the radio and she was the first vocalist of the orchestra Mingo and his Whoppee Kids.

Both of her marriages, the first to baseball star Juan Guilbe, and the second to composer Tito Henríquez, ended in divorce.

As a soloist, she has performed in many countries in Central and South America, the Caribbean and Europe. Her voice has been heard in famous halls and theaters such as Carnegie Hall, Town Hall, Philharmonic Hall, the Metropolitan Opera House and Lewisohn Stadium in New York and Constitution Hall in Washington, D.C. The world renowned musician and composer, Pablo Casals, dedicated a song to her, *Ven a Mí* (Come to Me).

Simultaneously with her professional career and alternating between engagements and travel, Ruth attended the University of Puerto Rico. In 1972, she was elected senator at large by an overwhelming majority of votes, thus becoming the first popular singer elected to serve in the Puerto Rican Senate and was reelected for a second term, serving until 1978. During 1975, she chaired the Senate Commission of Arts and Humanities and was appointed a member of the Committee on Arts and Humanities of the National Commission on the Observance of International Women's Year of the United States. She also served as a special assistant to the Governor of Puerto Rico for cultural affairs.

In 1976, she was among the outstanding women receiving awards from the *Ladies Home Journal*. World University conferred a Doctorate Honoris Causa upon her. Her participation in numerous activities of a social and civic nature is legendary and she has helped nonprofit organizations such as the Cancer Society, the Heart Association, the Association for Retarded Children, the Association for the Prevention of Blindness and others. The Society for Crippled Children and Adults has given her the name "The Angel of the Crippled Child" for her long time efforts on their behalf. She is president of the *Casa del Artista* of the Puerto Rican Association of Artists.

But Ruth is always remembered best by her well earned title of "El Alma de Puerto Rico Hecha Canción" (Puerto Rico's Soul in Song).

Figura sobresaliente de la música popular de Puerto Rico por más de cinco décadas, Ruth Fernández está considerada como una de las artistas de más talento y versatilidad en la isla de Puerto Rico. Nació el 23 de mayo de 1919 y pasó sus primeros años en la ciudad de Ponce donde terminó su educación primaria y secundaria.

Su talento se vislumbraba temprano en su niñez y comenzó sus actuaciones profesionales cuando asistía a la escuela superior. Sus primeros compromisos fueron en la radio y fue la primera vocalista de la orquesta Mingo y sus Whoppee Kids. Dos matrimonios terminaron en divorcio, el primero con el famoso pelotero, Juan Guilbe, y el segundo con el compositor, Tito Henríquez.

Como solista se ha presentado en muchos países de Centro y Sur América, el Caribe y Europa. Ha dado conciertos en salas famosas y respetables tales como *Carnegie Hall*, *Town Hall* y *Philharmonic Hall*, el *Metropolitan Opera House* y el Estadio Lewisohn en Nueva York. El mundialmente renombrado y prominente músico y compositor Pablo Casals le dedicó su composición *Ven a Mí*.

A la par con su carrera profesional y alternando entre compromisos artísticos y viajes, Ruth asistió a la Universidad de Puerto Rico. En 1972, fue electa senadora por acumulación por una mayoría abrumadora convirtiéndose así en la primera cantante popular en servir en el Senado de Puerto Rico y fue reelecta para otro término sirviendo hasta el 1978. Durante 1975, fue presidenta de la Comisión de Artes y Cultura del Senado y fue nombrada miembro del Comité de Artes y Humanidades de la Comisión de los Estados Unidos para la Celebración del Año Internacional de la Mujer. En 1976, fue considerada por el *Ladies Home Journal* como una de las mujeres sobresalientes del año. Recibió un Doctorado Honoris Causa de la Universidad Mundial. Fue ayudante especial del Gobernador de Puerto Rico a cargo de asuntos culturales. Actualmente preside la Casa del Artista de la Sociedad Puertorriqueña de Artistas.

Su apoyo a actividades de naturaleza cívico-social y su labor con varias organizaciones sin fines de lucro tales como la Liga Contra el Cáncer, la Asociación del Corazón, los Niños Retardados, la Asociación para la Prevención de la Ceguera y otras es legendaria. La Sociedad de Niños y Adultos Lisiados la llama "El Angel del Niño Lisiado" por su tenaz colaboración con la organización por muchos años.

Pero Ruth seguirá siendo recordada por su bien merecido título "El Alma de Puerto Rico Hecha Canción".

*S*ister Isolina Ferré was born in Ponce, Puerto Rico and joined the Missionary Servants of the Most Blessed Trinity in 1935. Since then she has devoted her life to community service, first as the director of the Dr. White Community Center in Brooklyn, and then as the founder and moving spirit of the Center for Orientation and Services at the Ponce Beach in Puerto Rico, where all types of social services are offered to a disadvantaged community.

She organized the poor in a waterfront community with a group of lay and religious volunteers.

Her encouragement of the young to develop their artistic capacities and to continue in school merit a lot of recognition. The exhibitions of photographs of the *niños de la Playa de Ponce* (the kids from Ponce Beach) and the beautiful Christmas cards they design testify to her success.

The advancement of women has always been of interest to Sister Isolina, who comes from a very wealthy, political family; her brother Don Luis Ferré was the governor of Puerto Rico. In 1980, she was appointed to the United States Delegation to the United Nations World Conference of the Mid Decade for Women, held in Copenhagen, Denmark.

Among many recognitions she has received, the following stand out: the John D. Rockefeller Award for Public Service and Community Revitalization, Woman of the Year-National Achiever of the National Conference of Puerto Rican Women in 1983, the National Puerto Rican Coalition Award and the Hispanic Heritage Award of 1993 in the area of education.

ISOLINA FERRE

*S*or Isolina Ferré nació en Ponce, Puerto Rico, y se unió a las Siervas Misioneras de la Más Sagrada Trinidad en 1935. Desde entonces, ha dedicado su vida al servicio de la comunidad, primero como directora del Centro de la Comunidad Dr. White en Brooklyn y luego como fundadora y espíritu motriz del Centro de Orientación y Servicios de la Playa de Ponce, donde ofrece toda clase de servicios sociales a una comunidad desventajada.

Ella organizó a los pobres en una comunidad playera con un grupo menguado de voluntarios religiosos y laicos. Su labor de motivación a la juventud para que desarrollen sus habilidades artísticas y no abandonen la escuela merece alto reconocimiento. Las exhibiciones de fotografías de los muchachos de la Playa de Ponce y las bellas tarjetas de navidad que diseñan son testimonio del éxito que Sor Isolina ha tenido.

El avance de la mujer siempre ha sido de gran interés para Sor Isolina, quien proviene de una familia acaudalada y política, su hermano, Don Luis Ferré, habiendo sido Gobernador de Puerto Rico. En 1980, fue nombrada miembro de la Delegación de Estados Unidos a la Conferencia Mundial de las Naciones Unidas de Mediados del Decenio para la Mujer celebrada en Copenhague, Dinamarca.

Entre muchos honores que ha recibido se destacan los siguientes: El Premio John D. Rockefeller por Servicio Público y Revitalización Comunitaria, la Mujer del Año de la Conferencia Nacional de Mujeres Puertorriqueñas en 1983, el Premio de la Coalición Nacional Puertorriqueña y el Premio de la Herencia Hispana de 1993 en el área de la educación.

Born in 1890, the noted Puerto Rican educator Carmen Gómez Tejera was selected "Woman of Puerto Rico" by the Union of American Women, in recognition of her work for the improvement of educational life and for her contribution to the training of teachers in Puerto Rico.

In 1909, when she was barely 19 years old, she was awarded a diploma which enabled her to teach English at all levels. She received her Bachelor of Arts in 1928 and a Master of Arts in education in 1929. For 17 years she taught in her native town of Aguadilla.

Always in search of wider knowledge, she returned to the University of Puerto Rico to work toward a doctorate. Her thesis was on the appreciation of poetry.

She was instrumental in the usage of Spanish as the language of instruction while she was serving as Spanish supervisor in the Department of Education of Puerto Rico.

She also collaborated in the preparation of a series of books for elementary and intermediate schools, *Programa de Lengua Española* (Program for the Spanish Language), acting as a consultant to the Department. At 77, she continued to be actively engaged in efforts to continue improving education in Puerto Rico, a pursuit which dominated the major part of her life.

Author of *La Novela en Puerto Rico* (The Novel in Puerto Rico) and *Apuntes para su Historia* (Notes for Your History), she was very active in the Teachers Association of Puerto Rico and in the Teosophic Society.

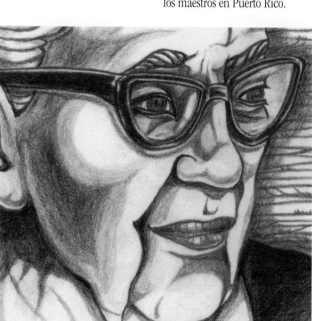

oña Carmen Gómez Tejera, educadora ejemplar, nació en 1890 y fue seleccionada "Mujer de Puerto Rico" por la Unión de Mujeres Americanas honrando su labor en pro del mejoramiento de la enseñanza y por su contribución a la formación de los maestros en Puerto Rico.

En 1909, cumpliendo apenas los 19 años, se graduó de Normal y obtuvo un diploma que la acreditaba para enseñar inglés en todos los grados. Recibió su Bachillerato en Artes en el 1928 y su Maestría en Artes en el 1929. Enseñó por espacio de 17 años en su pueblo natal de Aguadilla.

Siempre buscando ampliar sus conocimientos, regresó a la Universidad de Puerto Rico a prepararse para el doctorado y escribió su tésis sobre la apreciación poética.

Se esforzó por lograr el uso del español en la enseñanza mientras servía como supervisora de español en el Departamento de Instrucción Pública de Puerto Rico. Trabajó también en la preparación de una serie de libros sobre la enseñanza de la lengua española, *Programa de Lengua Española* para la escuela primaria y para las escuelas intermedias, desempeñando el papel de consultora del departamento. A los 77 años, aún continuaba activamente colaborando con el mejoramiento de la educación en Puerto Rico, un esfuerzo al cual dedicó gran parte de su vida.

Autora de *La Novela en Puerto Rico* y *Apuntes para su Historia*, pertenecía a la Asociación de Maestros y a la Sociedad Teosófica.

MARTA MONTAÑEZ ISTOMIN

*M*arta Istomin, a leading figure in the arts, is currently the president of the Manhattan School of Music in New York City and director general of the Rencontres Musicales d'Evian, France. From 1980 to 1990, she was the artistic director of the John F. Kennedy Center for the Performing Arts in Washington, D.C.

Born in Puerto Rico as Marta Montañez, Istomin first demonstrated her music gifts as a violinist and a cellist at the age of five. During her 17-year marriage to the legendary cellist Pablo Casals, she became a major force for the development of fine music in Puerto Rico, helping the Maestro establish the Casals Festival, the Puerto Rico Symphony Orchestra, and the Conservatory of Music. For three years after his death, she co-chaired the board and was music director of the Casals Festival Organization and was instrumental in translating many ideas into new programs. She taught cello at the Conservatory of Music in Puerto Rico and was visiting cello professor at the Curtis Institute of Music in Philadelphia.

As artistic director of the Kennedy Center, she was responsible for the policies and programming of the Center in music, opera and dance. She focused on American artists of distinction while at the same time maintaining a balanced program of international artists and companies. She founded the Center's Terrace Concerts, choosing a wide variety of instrumental combinations, recitals, vocal music and other small ensembles and chamber orchestras for the series which also included the music of living American composers.

Her tenure at the Kennedy Center included numerous significant achievements, such as the largest ballet series in the country. It included leading American companies and international companies such as the Royal Ballet of London, the Bolshoi, the Kirov, the Paris Opera Ballet and the Royal Danish Ballet, and a strong contemporary dance series.

Fluent in English, Spanish, French and Catalan, and with knowledge of Italian and German, she has participated in many international festivals and music competitions. She represented the United States in cultural delegations to various countries, including the opening ceremonies of the "America Now" exhibition in Budapest, the first U.S. cultural delegation to the People's Republic of China and served as a consultant to the U.S. delegation to the UNESCO Conference on World Culture in Mexico City.

Marta serves as a trustee of the Marlboro School of Music in Vermont and of Marymount College in New York, is a member of the board of World University of Puerto Rico and a co-founder and vice president of the Pablo Casals Foundation in Barcelona, Spain.

The governments of Spain, France and Germany have decorated Mrs. Istomin with their highest civilian honors for her achievements in the arts. She is the recipient of several honorary doctorates and has been awarded numerous distinctions throughout the United States. Marta is married to the world-renowned concert pianist, Eugene Istomin.

arta Istomin, una figura sobresaliente en el mundo de las artes, actualmente es presidenta de la Escuela de Música Manhattan en la Ciudad de Nueva York y directora general de los Encuentros Musicales de Evian, Francia. Del 1980 al 1990, se desempeñó como directora artística del Centro John F. Kennedy de las Artes Dramáticas en Washington, D.C.

Nacida en Puerto Rico con el nombre Marta Montañez, desplegó sus dotes musicales en el violín y el violoncelo cuando tenía 5 años. Durante los 17 años que estuvo casada con el legendario violoncelista, Pablo Casals, ejerció gran influencia en el desarrollo de la música en Puerto Rico, ayudando al Maestro a establecer el Festival Casals, la Orquesta Sinfónica de Puerto Rico y el Conservatorio de Música. Por tres años después de la muerte de Casals, fue co-presidenta de la Junta del Festival y directora de música de la organización siendo instrumental en convertir ideas nuevas en programas noveles. Enseñó el violoncelo en el Conservatorio de Música en Puerto Rico y fue profesora del violoncelo en el Instituto de Música Curtis de Filadelfia.

Como directora artística del Centro Kennedy en música, ópera y danza, optó por destacar los artistas distinguidos de los Estados Unidos mientras mantenía un balance en la programación de artistas internacionales en el Centro. Fundó los "Conciertos en la Terraza" seleccionando una amplia variedad de combinaciones instrumentales, recitales, vocalistas y otros grupos pequeños y orquestas de cámara en la serie que también incluyó la música de los compositores contemporáneos del patio.

Además de su exitosa serie de conciertos, durante su incumbencia en el Centro tuvo muchos logros tales como la más amplia serie de ballet en el país que incluyó además de las principales compañías de los Estados Unidos, a compañías internacionales como el Ballet Real de Londres, el Bolshoi, el Kirov, el Ballet Operático de Francia y el Ballet Real Danés, además de auspiciar una serie de danza contemporánea.

La lingüista en inglés, español, francés, catalán, italiano y alemán, participó en muchos festivales y competencias musicales y ha representado a los Estados Unidos en delegaciones culturales a varios países, incluyendo las ceremonias de apertura de la exhibición "América Hoy" en Budapest, la primera delegación a la República China y sirvió de asesora a la delegación que participó en la Conferencia sobre la Cultura Mundial de UNESCO celebrada en la Ciudad de México.

Es síndico de la Escuela de Música Marlboro de Vermont y del Colegio Marymount en Nueva York y es miembro de la Junta de la Universidad Mundial de Puerto Rico, además de ser co-fundadora y vicepresidenta de la Fundación Pablo Casals en Barcelona, España.

Los gobiernos de España, Francia y Alemania la han condecorado con sus honores más altos por sus ejecutorias en las artes y ha recibido numerosos doctorados honoríficos y distinciones por todos los Estados Unidos. Marta está casada con el virtuoso concertista de piano, Eugene Istomin.

CLARA LAIR

Born around 1895 in the mountains of Barranquitas, Puerto Rico as Mercedes Negrón Muñoz, she is better known by her *nom de plume*, Clara Lair. Her upbringing was among distinguished families in letters and politics in the island. Clara Lair died on August 26, 1974.

In 1937, the Library of Puerto Rican Authors published her first book of poetry, *Arras de Cristal* (Crystal Wedding Bands), which received an award from the Institute of Puerto Rican Literature. Her work *Trópico Amargo* (Bitter Tropics) was published by the same editorial house, together with a group of poems titled *Más Allá del Poniente* (Beyond the Sunset), a volume which was also awarded a prize by the Institute.

Luis Llorens Torres, a unique Puerto Rican poet, classifed her as a "twin soul of Alfonsina Storni," the Argentinian poet. Another of her books is titled *Memorias de una Isleña* (Memories of an Islander).

riunda de las montañas de Barranquitas en Puerto Rico, Mercedes Negrón Muñoz, mejor conocida por su nombre de pluma, Clara Lair, procedía de familias distinguidas en las letras y la política en la isla. Se cree que nació alrededor del 1895 y murió el 26 de agosto de 1974.

En 1937, la Biblioteca de Autores Puertorriqueños publicó su primer libro de versos *Arras de Cristal*, premiado por el Instituto de Literatura Puertorriqueña. En 1950, su libro *Trópico Amargo* fue publicado por la misma editorial, añadiendo a su contenido un grupo de poemas titulado *Más Allá del Poniente,* un volumen que también fue premiado por el Instituto.

Fue catalogada por el inigualable poeta puertorriqueño, Luis Llorens Torres, como "alma gemela de la poetisa argentina Alfonsina Storni". Otra de sus obras es un libro en prosa *Memorias de una Isleña.*

VIOLETA LOPEZ SURIA

*B*orm in San Juan in 1926, Violeta studied at the University of Puerto Rico and then went to Columbia University and to the University of Madrid, where she received a Doctorate in Philosophy and Letters in 1961. She has served as a professor in the general studies faculty of the University of Puerto Rico.

A contemporary poet, she wrote about nature, love and people. Dr. Anita Arroyo described her work in the following terms: "Violeta is the greatest feminine voice we have in contemporary Puerto Rican poetry. Her poems are diaphanous, spontaneous and flow freely like the waters of a brook."

Without being extreme, she was modern, forcefully expressed her experiences and communicated her feelings and desires faithfully. She was a great artisan in the construction of her verses, solid and soft at the same time. Her verses have a feminine "virility," strong and sweet.

Her first book of verses and prose, *Gotas de Mayo* (May Raindrops) was published in 1953 as well as her *Elegía* (Elegy); *En un Trigal de Ausencia* (In A Field of Grain and Loneliness), 1954; *Amorosamente* (Lovingly) and *Hubo unos Pinos Claros*

(There Were Some Clear Pine Trees), 1961; *La Piel Pegada al Alma* (The Skin Close to the Soul), 1962; *Poemas de la Cáncora* (Poems of the Cáncora), 1963; *Me Va la Vida* (My Life is at Stake) and *Las Nubes Dejan Sombras* (The Clouds Leave Shadows), 1965.

In 1955 she published her books in prose, *Sentimiento de un Viaje* (Feelings About a Trip) and *Riverside*. In her work *Poema de la Yerma Virgen* (Poem of the Sterile Virgin), published in 1956, she reveals frustrated maternal instincts. Violeta, however, overcame tragedy and in 1957 published *Resurrección de Eurídice* (Eurydice's Resurrection), a book of poems,

Diluvio (Monsoon), and *Unas Cuantas Estrellas en mi Cuarto* (A Few Stars in my Room). The element water appears in many of her works.

Violeta said that "peoples are collected in their poems." With dozens of books to her name, she was one of the highest lyric voices in Puerto Rican poetry. Her literary works show a spiritual akinness to those of Colombian poet Jose Asunción Silva. She died in San Juan on December 30, 1994.

Nació en San Juan en 1926 y estudió en la Universidad de Puerto Rico. Después pasó a la Universidad de Columbia en Nueva York y a la de Madrid en la cual recibió su Doctorado en Filosofía y Letras en el 1961. Se ha desempeñado como profesora en la Facultad de Estudios Generales de la Universidad de Puerto Rico.

Esta poeta contemporánea escribió sobre la naturaleza, el amor y la gente. La Dra. Anita Arroyo describió su obra en los siguientes términos: "Violeta es la gran voz femenina en la poesía puertorriqueña contemporánea. Sus poemas son lúcidos, espontáneos y fluyen libremente como las aguas puras de un manantial."

Sin ser demasiado distinta, fue moderna, expresó con fuerza sus experiencias y comunicó fielmente sus sentimientos y deseos. Su artesanía en la construcción de versos es suave y sólida. Sus versos tienen una "virilidad" femenina, fuerte y dulce al mismo tiempo.

Su primer libro de verso y prosa *Gotas de Mayo* fue publicado en el 1953, así como *Elegía; En Un Trigal de Ausencia,* 1954; *Amorosamente* y *Hubo Unos Pinos Claros,* 1961; *La Piel Pegada al Alma,* 1962; *Poemas de la Cáncora,* 1963; *Me Va la Vida* y *Las Nubes Dejan Sombras,* 1965.

En 1955, publicó su obra en prosa *Sentimiento de un Viaje* y *Riverside.* Su obra *Poema de la Yerma Virgen,* publicada en 1956, revela una maternidad frustrada. Sin embargo, Violeta superó la tragedia y en 1957 publicó *Resurrección de Eurídice,* el poemario *Diluvio* y *Unas Cuantas Estrellas en mi Cuarto.* El elemento del agua surge en sus obras repetidas veces.

Violeta decía que "los pueblos se recogen en poemas". Con decenas de libros a su haber, ella fue una de las más altas voces líricas de la poesía puertorriqueña. Se dice que su obra tiene un parentesco espiritual con la del poeta colombiano José Asunción Silva. Falleció en San Juan el 30 de diciembre de 1994.

orn in Santurce, Puerto Rico in March of 1938, Carmen Rosa Maymí is a high official in the Department of the Interior of the Federal government, serving as assistant to the commissioner of the bureau of regulations. Previously, as a political appointee, she was the director of the Women's Bureau in the U.S. Employment Standards Administration of the Department of Labor. In that post, she was responsible for formulating the policies and developing the standards needed to promote the welfare of wage-earning women and to improve their socio-economic and legal status.

Her responsibilities also included outreach programs for special target groups such as women offenders, trade union women, youth, minority and voluntary organizations and commissions on the status of women.

She was the U.S. expert on the joint study conducted in the 1970s by the U.S. Department of Labor and the Ministry of Labor of Japan on the role and status of women in the labor force.

In 1975, Maymí was appointed as an alternate delegate in the U.S. delegation to the United Nations General Assembly by the President of the United States Gerald Ford.

She was also a member of the official U.S. delegations to the International Labour Organization Conference in Geneva and to the International Women's Year Conference in Mexico City in 1975.

Member of boards, panels, councils and committees, too numerous to list, we will mention only her participation in Hispanic organizations, such as the National Conference of Puerto Rican Women and the Hispanic Women's Center.

Ms. Maymí has a Bachelor of Arts in Spanish and a Master of Arts in education from DePaul University in Chicago and has done graduate work at the University of Chicago.

Her professional experience includes work as an employment counselor in the migration division of the Commonwealth of Puerto Rico in Chicago, where she and her family migrated when she was only 15 years old, and a position in the President's Cabinet Committee on Opportunities for the Spanish Speaking.

Her daughter Rosa has always made her proud she was a female head of household.

Nacida en Santurce, Puerto Rico en marzo de 1938, Carmen Rosa Maymí es una ejecutiva de alto nivel en el Departamento de lo Interior federal donde se desempeña como ayudante del comisionado en el Negociado de Reglamentación. Anteriormente, ocupaba un cargo político como directora de la Oficina de la Mujer de la Administración de Normas de Empleo del Departamento federal del Trabajo. Allí fue responsable por la formulación de la política y el desarrollo de normas para promover el bienestar de la mujer en la fuerza laboral y mejorar su posición socio-económica y legal. Dirigió también programas de allegamiento diseñados para grupos especiales tales como mujeres encarceladas, mujeres sindicalistas, jóvenes, organizaciones voluntarias y minoritarias y comisiones sobre el status de la mujer.

Maymí fue la experta de los Estados Unidos que colaboró con un estudio realizado conjuntamente por el Ministerio del Trabajo del Japón y el Departamento del Trabajo de Estados Unidos sobre el papel que desempeña la mujer y su condición en la fuerza laboral de ambos países.

El presidente Gerald Ford la nombró como delegada alterna en la Delegación de los Estados Unidos ante la Asamblea General de las Naciones Unidas en 1975. Fue también miembro oficial de las delegaciones de los Estados Unidos a las Conferencias de la Organización Internacional del Trabajo en Ginebra y del Año Internacional de la Mujer en México en 1975.

Miembro de un sinnúmero de paneles, juntas, consejos y comités demasiado extensos para enumerar, mencionaremos únicamente su participación en organizaciones hispanas tales como la Conferencia Nacional de Mujeres Puertorriqueñas y el Centro Hispano de la Mujer.

Carmen tiene un Bachillerato en Artes con concentración en español y una Maestría en Educación de la Universidad DePaul en Chicago. También ha realizado estudios postgraduados en la Universidad de Chicago, a donde su familia emigró cuando ella tenía solamente 15 años.

Sus experiencias de trabajo anteriores incluyen una posición de asesora en la División de Migración del Estado Libre Asociado de Puerto Rico en Chicago y un cargo en el Comité de Gabinete del Presidente de los Estados Unidos sobre Oportunidades para los HispanoParlantes.

Su hija Rosa siempre le ha hecho sentirse orgullosa de haber sido la jefe de familia.

For many years the Puerto Rican writer and researcher, Concha Meléndez, born in 1895, helped to open the way for the liberation of her fellow women. In 1932, she was the first woman to graduate with a Doctorate in Philosophy and Letters from the University of Mexico. In 1922, she obtained her Bachelor of Arts and then continued her studies at the Center for Historical Studies in Madrid. In 1927, she received her Masters in Arts degree from the University of Columbia.

Diminutive in height, Concha was one of the outstanding women who has contributed to the enrichment of Puerto Rican literature, especially in the areas of critical commentary and well researched studies. Nature made her inquisitive and gave her a flair for teaching, a profession which took 32 years of her life at the University of Puerto Rico, where she was later named Professor Emeritus. Her personal collection of books was donated to the people of Puerto Rico.

Doña Concha's merits were unlimited and her love for Hispanic America and its literature legendary. This love took her to Venezuela, Peru, Mexico and Argentina, where she soaked their literature. Eight of her books, consequently, have a geographic background and are inspired by literary figures and

the literature of those countries. The Institute of Culture of Puerto Rico has published eight volumes of her works.

Concha's decisive personality was multi-faceted and she was persuasive, just, simple and profound in expressing her ideas. Her style and erudition were a reflection of her personality as a meticulous and disciplined woman. Considered a bit eccentric by some, as one of the first "Americanists" of our times, she never lost sight of the literature of her native Puerto Rico. Her books underscore significant Puerto Rican values: *La Inquietud Sosegada* (Quiet Anxiety), 1939; *Figuración de Puerto Rico* (Configuration of Puerto Rico), 1946; and *De Frente al Sol* (Face to the Sun), *Jovillos y Volantines* (Spools and Kites), about José de Diego's poetry, and *El Arte del Cuento en Puerto Rico* (The Art of the Short Story in Puerto Rico), 1961. Her output in the literary review *Asomante* was prodigious.

The balance of Concha's monumental work covers a variety of literary themes: a study about the religious nature of Amado Nervo and critical essays on his poems (1922 and 1926); *La Psiquis Doliente* (The Ailing Psyche), 1923; *La Voz de la Biblia en Rubén Darío* (Biblical Influences in Rubén Darío's Work), a poem "Canto de

Esperanza" (Song of Hope), inspired by her research into the Old and New Testaments, *La Novela Indianista en Hispanoamérica* (The Indian Novel in Hispanic America), and *Flechador de Ondas*, 1933; *Signos de Iberoamérica* (Evidences of Ibero America), 1936; *Entrada en el Perú* (Entry into Peru) and *La Poesía de Alfonso Reyes* (Alfonso Reyes' Poetry), 1956; *José de Diego in My Memories;* three anthologies of short stories, 1956, 1957 and 1961; and *Novelas del Novecientos en la América Hispana* (Novels of the 1900s in Hispanic America).

The writer from Caguas, used to being a beacon of light, was the first woman to lecture at the Mexican Academy of Letters, commemorating the celebration of Amado Nervo's centennial. She was also the first woman to be honored by the Venezuelan Government with the Andrés Bello prize in recognition for her efforts to bring about goodwill between Hispanic America and Puerto Rico. She was the Woman of the Year in 1971 in Puerto Rico.

Her interest in religion resulted in her ministry at Unity Church. This multi-faceted, interesting woman died in San Juan in 1983.

La Dra. Concha Meléndez, escritora e investigadora puertorriqueña, desde hace muchos años atrás estaba sentando bases para la liberación de sus congéneres. En 1932, fue la primera mujer en obtener un Doctorado en Letras de la Universidad de México. En 1922, había recibido su bachillerato y prosiguió sus estudios en el Centro de Estudios Históricos de Madrid. En 1927, la Universidad de Columbia le otorgó una Maestría en Arte.

Doña Concha, diminuta en estatura, ha sido una de las mujeres que más ha contribuido a enriquecer la literatura puertorriqueña, especialmente en el campo de la crítica y la investigación literaria. Por naturaleza es investigadora y educadora. Por 32 años, hasta el 1974, fue profesora en la Universidad de Puerto Rico y directora del Departamento de Estudios Hispánicos. La universidad le otorgó el título de Profesora Emérita. Su extensa colección personal de libros fue donada al pueblo de Puerto Rico.

Los méritos de Doña Concha son legendarios y su amor por Hispanoamérica y su literatura ha dominado su vida. De ahí que visitó a Venezuela, Perú, México y la Argentina empapándose de las obras de estos países y, por ende, muchos de sus libros se inspiran en la literatura y figuras literarias de ellos y tienen un trasfondo geográfico. El Instituto de Cultura de Puerto Rico ha publicado ocho tomos de su obra.

Doña Concha, de carácter decidido, era persuasiva, justa, sobria, sencilla y profunda en la expresión de sus ideas. Su estilo y erudición corresponden a su personalidad de mujer meticulosa y ordenada. Considerada un poco excéntrica, Concha, una de las primeras "americanistas" de nuestro tiempo, no descuidó la obra literaria puertorriqueña. Sus obras exaltan los grandes valores puertorriqueños en: *La Inquietud Sosegada* (1939), *Figuración de Puerto Rico* (1946), *De Frente al Sol, Jovillos y Volantines* (sobre la poesía de José De Diego), y *El Arte del Cuento en Puerto Rico* (1961). Igualmente lo han hecho sus contribuciones extraordinarias a la revista *Asomante*.

El resto del trabajo monumental de Doña Concha recoge una variedad de temas literarios: un estudio sobre la religiosidad y críticas sobre la poesía de Amado Nervo, 1922 y 1926; *La Psiquis Doliente* (1923); *La Voz de la Biblia en Rubén Darío, "Canto de Esperanza"*, un poema inspirado en su investigación del Antiguo y Nuevo Testamento, *La Novela Indianista en Hispanoamérica*, y *Flechador de Ondas*, 1933; *Signos de Iberoamérica*, 1936; *Entrada en el Perú, La Poesía de Alfonso Reyes*, 1956; *José de Diego en Mis Memorias*; tres antologías de cuentos, 1956, 1957 y 1961; y *Novelas del Novecientos en la América Hispana*.

Doña Concha nació en Caguas en el 1895 y se acostumbró a abrir surcos para otras féminas. Fue la primera mujer en ofrecer una conferencia en la Academia Mexicana de la Lengua, conmemorando el centenario de Amado Nervo. También fue la primera mujer en recibir la Condecoración de la Orden de Andrés Bello, otorgada por el gobierno venezolano loando sus gestiones de acercamiento entre Puerto Rico e Hispanoamérica. Fue elegida la Mujer de Puerto Rico de 1971.

Su interés por lo religioso la llevó a ser ministro de la secta religiosa *Unity*. Murió en San Juan en el 1983.

orn on January 20, 1941 in Santurce, Puerto Rico, Sara E. Meléndez began her career as an educator as a bilingual teacher in Brooklyn, New York, where she arrived when she was seven years old. She has taught undergraduate and graduate programs, has directed teacher training programs and has written and spoken extensively around the country on multicultural education, English as a second language, diversity and equity for people of color, and women.

In September of 1990 she became provost and acting dean of arts and humanities at the University of Bridgeport in Connecticut, where she supervised 13 departments and oversaw a budget of over $4 million. A year later she accepted the presidency of the Center for Applied Linguistics in Washington, D.C., and in 1994 was designated president of the Independent Sector, a coalition of 800 nonprofit organizations. As president of the Center for Applied Linguistics, she was responsible for the daily operation of all the Center's activities, the short and long term policy planning and for liaison and representation of the Center to relevant professional organizations, government agencies and other institutions of teaching and learning. She shared responsibility with the Center's board of trustees for development planning.

Dr. Meléndez is a member of the board of directors of the Society for Values in Higher Education and a former president of the National Association for Bilingual Education (NABE). She is a trustee of Monmouth College in New Jersey, of the Educational Testing Service (ETS) and of the Center for Adult and Experiential Learning.

A product of New York City schools, Sara received her Bachelor of Arts in English from Brooklyn College and her Doctorate in Education from Harvard University and received fellowships from the Ford and Danforth foundations. She was recognized as the Woman of the Year in 1993 by the National Conference of Puerto Rican Women.

Her publications include a book on bilingual education published by Teachers College Press, chapters in *Leaders for a New Era* and *Educating the Majority: Women Challenge Tradition in Higher Education*, both published by MacMillan, and articles in various publications, like the *NEA Journal Today*, where her article "A Multilingual World, A Monolingual Nation," appeared in 1989.

SARA E. MELENDEZ

*S*ara E. Meléndez nació en Santurce, Puerto Rico, el 20 de enero de 1941 y comenzó su carrera de educadora como maestra bilingüe en Brooklyn, Nueva York, donde llegó cuando tenía siete años. Ha enseñado a nivel universitario y en programas de postgrado, ha dirigido programas de adiestramiento de maestros y escribe y dá conferencias por todo el país sobre educación multicultural, la enseñanza del inglés como segundo idioma, diversidad y equidad para la mujer y los grupos minoritarios.

En septiembre de 1990, ocupó el puesto de directora (Preboste) y decana interina de arte en la Universidad de Bridgeport en Connecticut donde supervisaba 13 departamentos y un presupuesto de $4 millones. Un año más tarde aceptó la presidencia del Centro de Lingüística Aplicada en Washington, D.C. y en 1994 fue designada como presidenta de *Independent Sector*, una organización que representa a 800 asociaciones no gubernamentales. En el Centro tenía la responsabilidad de manejar las operaciones diarias, la planificación de las políticas a corto y largo plazo, y servir de enlace y representar al Centro ante organismos profesionales, agencias gubernamentales e instituciones académicas. Compartió con la Junta de Síndicos la responsabilidad de planificación y aunamiento de recursos.

Sara es miembro de la Sociedad de Valores en la Educación Universitaria y fue presidenta de la Asociación Nacional de Educación Bilingüe (NABE). Es síndico del Colegio Monmouth de Nueva Jersey, del Servicio de Exámenes Educativos (ETS) y del Centro para el Aprendizaje Experiencial y de Adultos.

Producto del sistema escolar público de Nueva York, recibió su Bachillerato en Arte con concentración en inglés del Colegio de Brooklyn y un Doctorado en Educación de la Universidad de Harvard. Recibió becas de las Fundaciones Ford y Danforth y fue seleccionada como la Mujer del Año en 1993 por la Conferencia Nacional de Mujeres Puertorriqueñas.

Sus publicaciones incluyen un libro sobre la educación bilingüe publicado por la Imprenta de *Teachers College* y capítulos en *Leaders for a New Era* (Líderes para una Nueva Era) y *Educating the Majority: Women Challenge Tradition in Higher Education* (Educando la Mayoría: Las Mujeres Retan las Tradiciones de la Educación Universitaria). Uno de sus artículos, "A Multilingual World, a Monolingual Nation" ("Un Mundo Multilingüe, una Nación Monolingüe"), fue publicado por la *Revista de NEA Hoy* en 1989.

INES MARIA MENDOZA DE MUÑOZ MARIN

*S*he was born on January 10, 1908 in Naguabo and grew up on a cattle farm in Puerto Rico, where she learned many of the lessons that would mould her character. Her father's illiteracy and the impact of his death when she was eight years old left a deep impression on her. She remembered fondly that her mother would read many books to her father.

After his death, her mother lost the family's small plot of land which was absorbed to expand a sugar cane farm. In her youth, these reverses helped to make her a nationalist and a fighter for Puerto Rico's independence.

As a teacher of Spanish at Central High School in Santurce, she was an ardent supporter of the concept that Spanish should be the predominant language taught in island schools. Then married to a painter, Palacios, she struggled against her dismissal by the Commissioner of Education, Dr. José Gallardo, who was reacting to the Arthur Garfield Hays analysis of island conditions, prompted by the American Civil Liberties Union as a result of the Ponce massacre. In 1937, she had expressed her views to the Hays Commission about the desirability of having Spanish as the dominant language in the public schools.

Luis Muñoz Marín became interested in the case and in Inés Mendoza, and they eventually married in 1947. By 1940 he had triumphed politically in the country and became the architect of the Commonwealth, or free association with the United States, the present form of government.

The Muñoz family had two daughters, Viviana (deceased) and Victoria, who in 1992 ran for the governorship and was defeated. There are 13 grandchildren, including those born to Luis Muñoz Lee and Munita Muñoz, children of Luis Muñoz Marín's marriage to Muna Lee, and Carmencita Palacios, daughter of her union to the painter.

A devoted supporter of Puerto Rican traditional values, including the preservation of the purity of the Spanish language, she was affectionately known as Doña Inés during the four terms (16 years) Muñoz Marín was Governor of Puerto Rico. Doña Inés reveled in anonimity in her late years but continued supporting her favorite causes and principles.

She was the patron of famous cellist Pablo Casals and a militant defender of the cultural values of the island. The low timbre of her voice was unmistakably forceful, speaking about the Conservation Trust of Puerto Rico to preserve the environment and restore the ecology of the island. She translated a Trust publication titled *Sabios Arboles, Mágicos Arboles* (Wise Trees, Magic Trees).

Inés insisted in maintaining that her life's work was her husband's and died in San Juan on August 13, 1990.

Inés María Mendoza de Muñoz Marín nació el 10 de enero de 1908 en Naguabo y vivió durante su niñez en una finca de ganado en Puerto Rico donde aprendió muchas de las lecciones que moldearon su carácter. El hecho de que su padre fue analfabeto y murió cuando ella tenía apenas ocho años le dejó una impresión honda. Recordaba con cariño que su madre le leía muchos libros a su padre.

Después de su desaparición, la madre perdió el pequeño predio de terreno familiar sacrificado a la expansión de la industria azucarera. Estos reveses ayudaron a hacerla muy nacionalista y luchadora por la independencia de Puerto Rico en su juventud.

Como maestra de español en la Escuela Superior Central de Santurce, ardientemente apoyaba el concepto de que el español debía ser el lenguaje predominante en la enseñanza de Puerto Rico. Casada entonces con el pintor, Palacios, combatió las medidas tomadas por el comisionado de Instrucción Pública, el Dr. José Gallardo, reaccionando al análisis que hizo la Comisión de Arthur Garfield Hays sobre las condiciones de la isla a instancias de la Unión Americana de Derechos Civiles (ACLU) como resultado de la Masacre de Ponce. En 1937, ella expresó sus ideas a la Comisión Hays sobre la necesidad de impartir la enseñanza en español, fue despedida y subsecuentemente trató de que se revocara la acción.

Luis Muñoz Marín se interesó en el caso de Inés Mendoza y en ella personalmente y eventualmente se casaron en el 1947. Al cabo del triunfo político de Muñoz Marín en el 1940, Muñoz se convirtió en el arquitecto de la modalidad de gobierno presente de Puerto Rico, el Estado Libre Asociado. Viviana (fallecida) y Victoria, quien en 1992 se postuló para la gobernación siendo derrotada, fueron sus hijas, quienes con sus hermanos de padre, Luis Muñoz Lee y Munita, y de madre, Carmencita Palacios, han producido 13 nietos.

Defensora de los valores tradicionales y la cultura puertorriqueña, especialmente de la pureza del lenguaje español, Doña Inés, como se le conocía afectuosamente durante los cuatro términos (16 años) que Don Luis Muñoz Marín fue Gobernador de Puerto Rico, en sus últimos días buscaba el anonimato. Solamente sus principios y causas favoritas continuaron captando su entusiástica colaboración.

Ella fue factor clave en atraer al famoso violoncelista, Pablo Casals, a la isla. El timbre bajo y vigoroso de su voz unidos a su fuerte personalidad continuaron apoyando al Fideicomiso de Conservación de Puerto Rico, creado para restaurar y proteger la calidad ambiental y los recursos naturales de la isla. Tradujo un libro publicado por el Fideicomiso titulado, *Sabios Arboles, Mágicos Arboles.*

Inés insistía en mantener que el trabajo de su vida fue el de su marido. Murió en San Juan el 13 de agosto de 1990.

Carmen Morales, poet, actress and writer, born in Santurce on April 27, 1945 is dedicated to gathering the history and folklore of Puerto Rico and Latin America and transforming it into stories. She presents them in one-woman plays, recitals and shows in a most engaging, thought-provoking manner, to teach and entertain.

Her performances have delighted many audiences in colleges, universities and schools around the world because they are "funny, endearing and well crafted, with a strong feminist content" and a unique view of the customs and mores of the Puerto Rican people.

Publications by Carmen Alicia Morales de Deeny include: *Cundeamores*, a collection of short stories on daily life in Puerto Rico; and *Ay Bendito*, a series of vignettes on happenings in the streets of San Juan. These are also collected on audio tapes.

The Arts Council of Montgomery County, in Maryland, where she resides with her husband and two daughters and where she teaches, gave her a grant in 1992 to research her play *Ysabel, Queen of Spain*, and the National Endowment for the Arts sent her to Barquisimeto, Venezuela to represent the United States at the Third International Festival of Hispanic American Story Tellers. The National Conference of Puerto Rican Women presented her its 1991 award for her artistic and dramatic accomplishments during their 19th annual conference. In 1986, she received a fellowship to study at the Ibero American Center of Studies in Madrid, Spain.

Another of her solo plays is the charming *Turulete*, which captures the experiences of a young child in Puerto Rico, but the poem which always makes her audiences cry is "Nosotros los Expatriados," a jocular paean to her native Puerto Rican cohorts on the mainland.

Nacida en Santurce el 27 de abril de 1945, la poeta, actriz y escritora, Carmen Morales, está dedicada a recoger la historia y el folklore de Puerto Rico y América Latina y transformarlos en cuentos que presenta en obras actuando sola o en recitales de poesía y espectáculos que hilvana en una manera didáctica y entretenida para provocar el pensamiento.

Sus actuaciones han deleitado muchas audiencias en colegios, universidades y escuelas por todo el mundo por su contenido histórico divertido, cundido de sentimientos feministas y las costumbres del pueblo puertorriqueño.

Las publicaciones de Carmen Alicia Morales de Deeny incluyen: *Cundeamores*, una colección de cuentos cortos sobre la vida diaria de Puerto Rico, *Ay Bendito*, una serie de retratos sobre las experiencias de acontecimientos en las calles de San Juan. Estas también están recogidas en cintas grabadas.

En 1992, el Consejo de Artes del Condado de Montgomery en Maryland, donde reside con su esposo y dos hijas y donde enseña, le otorgó una concesión para subvencionar la investigación de una obra que está en progreso, *Ysabel, Reina de España*, y la Fundación Nacional de las Artes la envió a representar a los Estados Unidos en el Tercer Festival Internacional de Cuentistas Hispanoamericanos celebrado en Barquisimeto, Venezuela. La Conferencia Nacional de Mujeres Puertorriqueñas le presentó en 1991 su premio por sus realizaciones artísticas y dramáticas en su décimanovena conferencia anual. Recibió también una beca para estudiar en el Centro de Estudios Iberoamericanos en Madrid, España, en 1986.

Su obra *Turulete* recoge de una manera extraordinaria las experiencias de una niña en su niñez en Puerto Rico. Sin embargo, el poema que siempre arranca lágrimas de sus oyentes es "Nosotros, los Expatriados", un canto a sus compueblanos puertorriqueños en los Estados Unidos.

RITA MORENO

Born in Humacao as Rosa Alverio, she was very young when her parents took her to New York. Rita's artistic career started with her dancing at charity parties and when she was 12 years old she earned her first ten dollars for emceeing a children's party. Her family's difficult economic situation precluded her from continuing her studies and she thus turned to dancing in nightclubs.

She kept broadening her artistic work by dubbing American films into Spanish, working on the radio and finally landing a role in a Broadway show.

Eventually she made it to Hollywood, but at the end of a year her contract was not renewed. It was then that she turned to television and kept working in low category films until she was cast in *Garden of Evil*. She was on the cover of *Life* magazine and this led to exotic, but not significant roles, in such films as *Untamed*, *Seven Cities of Gold*, and *The Lieutenant Wore Skirts*. In *The King and I*, her dramatic intensity was revealed, but her zenith came in *West Side Story*, which netted her an Oscar for her role as Anita.

In *The Night of the Following Day* she played an excellent role opposite Marlon Brando; other noteworthy films have been *Popi* with Alan Arkin, *The Sister* and *Shhh*.

Her participation in the *Children's TV Workshop* and the *Electric Company* consolidated her fame. In 1975, she was awarded the Tony for the comedy *The Ritz,* which she also filmed in Hollywood.

Rita is married to a New York physician, Dr. L. Gordon, and has two daughters, Fernanda and Juliana.

She has served as a spokesperson for the Pan American Development Foundation, evidencing her interest in interamerican affairs.

El verdadero nombre de la actriz es Rosa Alverio y nació en Humacao, Puerto Rico. Rita Moreno era muy niña cuando sus padres la llevaron a Nueva York.

Empezó su actuación artística bailando en fiestas de caridad y a la edad de 12 años ganó sus primeros diez dólares por amenizar una fiesta infantil. La situación económica de su familia la obligó a abandonar sus estudios para ganarse la vida bailando en clubes nocturnos.

Amplió su labor artística doblando películas americanas al español, trabajando en la radio y finalmente obteniendo un papel en una obra de Broadway. Rita llegó a Hollywood pero al cabo de un año su contrato no fue renovado. Participó en programas de televisión y en películas de poca importancia hasta que obtuvo un papel en *Jardín del Mal*, cuando la revista *Life* publicó su fotografía en la portada. Como resultado, consiguió papeles de personajes exóticos poco destacados en películas como *Untamed*, *Seven Cities of Gold* y *The Lieutenant Wore Skirts*. En *The King and I* se destacó su intensidad dramática y se consagró con su actuación en *West Side Story* en el papel de Anita, por el cual fue premiada con un Oscar.

En *The Night of the Following Day* representó un papel de verdadera importancia con Marlon Brando, siguiendo su actividad profesional en *Popi* con Alan Arkin, *The Sister* y *Shhh*.

Su participación en la *Compañía Eléctrica* del *Taller de Televisión de Niños* la ha hecho aún más famosa. En 1976, recibió un premio Tony por la comedia *The Ritz*, que también filmó en película.

Rita Moreno está casada con un médico neoyorquino, el Dr. L. Gordon, y tiene dos hijas, Fernanda y Juliana.

Ella se ha desempeñado como portavoz de la Fundación Pan Americana para el Desarrollo demostrando su interés en asuntos interamericanos.

The former Solicitor General of the Commonwealth of Puerto Rico, Miriam Naveira de Rodón was the first woman to occupy that post, to which she was appointed in 1973. In 1966, she was also the first woman appointed as assistant secretary of justice to deal with monopolistic policy. She is currently the first woman to be elevated to the Supreme Court of Puerto Rico.

Married to another lawyer, Víctor Rodón Elizalde, and the mother of two children, the San Juan born lawyer had a varied academic life, studying at the law school of the University of Puerto Rico, at Columbia University and at Leiden University in Holland, besides also being licensed as a chemist. She was admitted to the Bar of the Supreme Court in 1970 and to the First Circuit Court of Appeals of the U.S. In 1965, she was admitted to the Bar of the Federal District Court for Puerto Rico and in 1960 to the Supreme Court of Puerto Rico.

She graduated Cum Laude from the law school of the University of Puerto Rico, was a member of the Honor Society and served on the editorial board of the *Juridical Review*. She was on the faculty of the Inter American University of Puerto Rico.

She has argued cases before the U.S. Supreme Court. Her professional experience gives her a wide range of interests and expertise on subjects such as monopolies, patents, consumer affairs, commerce and trade, antitrust laws, restrictive distribution contracts, trade financing, international law, judicial reform and civil rights.

Special courses she has undertaken include seminars on Permits of the Practicing Law Institute, Patents and Trade Secrets of the Patent Resources Group and Antitrust Developments.

She has left her mark in many professional associations, the Puerto Rican and American Bar Associations, the American Judicature Society, the Commission to Codify the Trade Code, the Inter American Federation of Lawyers, the Consumer Affairs Commission and the Law Institute for the Protection of Consumers.

La ex-procuradora general de justicia del Estado Libre Asociado de Puerto Rico, Miriam Naveira de Rodón fue la primera mujer que ocupó dicho cargo en el 1973. En l966, fue la primera mujer nombrada como secretaria auxiliar de justicia a cargo de la política relativa a los monopolios. Actualmente es la primera mujer en Puerto Rico que ha sido elevada al Tribunal Supremo.

Casada con otro abogado, Víctor Rodón Elizalde, y madre de dos hijos, la sanjuanera ha tenido una plétora de experiencias en el ámbito legal en la Escuela de Derecho de la Universidad de Puerto Rico, en la Universidad de Columbia y en la Universidad de Leiden en Holanda, además de ser licenciada como química. Fue admitida a postular ante la Corte Suprema de los Estados Unidos en l970 y fue admitida al Primer Circuito de la Corte de Apelaciones de los Estados Unidos. En l965, fue admitida para postular ante la Corte Federal del Distrito de Puerto Rico y en l970 ante el Tribunal Supremo de Puerto Rico.

Graduada Cum Laude de la Escuela de Leyes de la Universidad de Puerto Rico, fue miembro de la Sociedad de Honor y de la junta editorial de la *Revista Jurídica* de la Universidad. Formó parte de la facultad de la Universidad Interamericana de Puerto Rico.

Defendió un caso ante la Corte Suprema de los Estados Unidos. Su experiencia profesional le da una gran variedad de intereses y conocimientos sobre asuntos tales como monopolios, patentes, asuntos del consumidor, comercio, contratos de distribución exclusiva, financiamiento mercantil, ley internacional, reforma judicial y derechos civiles.

Ha participado en cursos especiales sobre franquicias del *Practicing Law Institute*, sobre patentes y secretos comerciales del *Patent Resources Group* y sobre desarrollos antimonopolísticos.

Ha dejado su marca en muchas asociaciones profesionales: los Colegios de Abogados de Puerto Rico y de los Estados Unidos, la Sociedad Americana de Jurisprudencia, la Comisión Codificadora del Código de Comercio, la Federación Interamericana de Abogados, la Comisión sobre Protección del Consumidor y el Instituto Legal para la Protección del Consumidor.

Trinidad Padilla Sanz, poet, writer, and piano teacher, was born in Vega Baja on February 7, 1864. She was better known by her pseudonym "La Hija del Caribe." Her father was the famous José Gualberto Padilla, known as "El Caribe." She studied in the Lyceum of professor Ruiz Arrau in Arecibo. Since she was a child, her interest in music and literature were evident in her voracious reading of classical authors.

She audited courses at the Royal Conservatory of Music and Poetry in Madrid. With polyfacetic personality, Trina was an extraordinarily dynamic person and her works highlighted the accomplishments of Puerto Rican women. Additionally, she was an expert art critic and gifted storyteller.

Fermín Toledo was in charge of her musical education in Puerto Rico. As a piano teacher for forty-two years in the Music Academy of Arecibo, which she founded, she offered memorable programs of artistic excellence. Married in 1883 to Angel Sanz Ambros, their home was the center of literary "soirées" and the meeting place of musicians and artists.

Her best poems were written during the apogee of modernism. "De mi Collar" (From My Necklace) in 1926 and "Cálices Abiertos" (Open Corollas) in 1943. Her poems "Canción de Primavera" (Spring Song), "Amor" (Love), and "Las Estaciones" (The Stations) received awards at the Floral Games. Many of her articles reflect her steadfast defense of independence for Puerto Rico and women's rights. In 1918, she published verses and a short story titled "Rebeldía" (Rebellion). She was honorary president of the Insular Association of Women Voters and president of its Arecibo committee and was the only female member of the Antillean Academy of Letters, founded by José de Diego in 1916. Her pen was always poised at home and in the foreign press, such as *La Cuna de América* (Craddle of America) of the Dominican Republic, *Bohemia* of Cuba, *Arte* (Art) of Argentina, as well as *Mercury* of New Orleans and *Pictorial Review* of New York, to defend noble causes wholeheartedly and with talent.

The Ateneo Sonorense (Atheneum of Sonora) in México honored her and she received many awards from the Institute of Puerto Rican Literature (1946), Mercury Review of New Orleans and the Ponce Fair of 1927. She was also honored by the Art Academy of New York, the Cultural Society of Buenos Aires and the Peace Committee of Mexico, which awarded a prize to her poem "Por la Paz del Mundo" (For World Peace).

Doña Trina, as she was familiarly called, died in Arecibo in 1958 after more than half a century of tireless work.

Trinidad Padilla de Sanz, poeta, escritora y maestra de piano nacida en Vega Baja el 7 de febrero de 1864, era conocida más comúnmente por el seudónimo, "La Hija del Caribe", y su padre fue el famoso poeta, José Gualberto Padilla, "El Caribe". Estudió en el Liceo del maestro Ruiz Arrau en Arecibo. Desde niña ya se vislumbraba su interés por la música y la literatura y a temprana edad leía vorazmente los autores clásicos.

Asistió como alumna oyente al Real Conservatorio de Música y Declamación en Madrid. Esta mujer extraordinariamente vigorosa de personalidad multifacética ensalzó a la mujer puertorriqueña. Fue también cronista de arte y cuentista.

Fermín Toledo estuvo a cargo de su educación musical en Puerto Rico. Fue maestra de piano en su Academia de Música en Arecibo donde ofrecía audiciones que constituían acontecimientos artísticos grandiosos y memorables. Enseñó por cuarenta y dos años en la Academia que fundó. Casada en 1883 con Don Angel Sanz Ambrós, su hogar siempre fue centro de tertulias literarias y de reuniones de músicos y artistas.

Sus mejores poemas fueron escritos durante el apogeo del movimiento literario conocido como el Modernismo: "De mi Collar" (1926) y "Cálices Abiertos" (1943). Sus poemas "Canción de Primavera", "Amor" y "Las Estaciones" fueron premiados en los Juegos Florales. Tenaz defensora de la independencia de Puerto Rico y los derechos de la mujer, escribió numerosos artículos sobre temas políticos y feministas. En 1918, publicó versos y un cuento en un folleto titulado "Rebeldía". Fue presidenta honoraria de la Asociación Insular de Mujeres Votantes y presidenta de su comité de Arecibo. Fue la única dama miembro de la Academia Antillana de la Lengua fundada por José de Diego en 1916. Su pluma defendió siempre causas nobles con entereza de corazón, nobleza de alma y gran talento en la prensa de la isla y en la prensa del exterior como *La Cuna de América* de República Dominicana, *Bohemia* de Cuba, *Arte* de Argentina además de *Mercury* (Mercurio) de Nueva Orleans y el *Pictorial Review* (Revista Pictórica) de Nueva York.

El Ateneo Sonorense de México honró su memoria y ella recibió numerosos galardones del Instituto de Literatura Puertorriqueña (1946), la revista *Mercury* (Mercurio) de Nueva Orleans y la Feria de Ponce del 1927. También fue honrada por la Academia de Arte de Nueva York, por la Sociedad Cultural de Buenos Aires y el Comité de la Paz de México, entidad que laureó su poema "Por la Paz del Mundo".

Doña Trina, como solían llamarla familiarmente, murió en Arecibo en 1958 después de luchar incesantemente por más de medio siglo.

T R I N I D A D   P A D I L L A   D E   S A N Z

In 1976, Petroamérica Pagán de Colón announced that she sought a seat in the House of Representatives of Puerto Rico. Though her post as special assistant to the President of the Senate of Puerto Rico and coordinator of the office of technical services eminently qualified her for that aspiration, she was not elected.

She served the government of Puerto Rico in various capacities. As director of the vocational rehabilitation program of Puerto Rico she initiated programs designed to help physically handicapped persons overcome their limitations. On behalf of the Department of Labor she established the migration program for Puerto Rican workers going to the United States. She also served as Advisor to the Secretary and collaborated closely with the reorganization of the labor programs.

She participated in international seminars on the administration of labor laws in Latin America at the invitation of the Departments of State and Labor of the U.S. and, in the international field, served as a consultant to the Organization of American States. In that latter capacity, she advised labor ministries in the hemisphere regarding employment services and the development of human resources. At the invitation of the government of Israel, she attended the World Conference on the Participation of Women in the Economic Development of their Countries held in Jerusalem in 1965 and conducted seminars on labor issues.

She served as regional director of the U.S. Employment Service and Specialist in Human Resources of the Manpower Administration for Region II as well as director of interagency relations for the U.S. Department of Labor.

In civic affairs, Petro founded and worked with the Travelers Aid Society of Puerto Rico and with a group of unions was instrumental in the establishment of the Workers Housing Foundation. The American Cancer Society honored her with a plaque for her services directing the Society's Crusade in Puerto Rico.

Petro was born on June 7, 1911 in Barranquitas and married lawyer Juan A. Colón. She had two sons, Dr. Juan R. Colón and attorney, Francisco Colón.

She was honored as Woman of the Year by the Riverside Neighborhood Assembly, the Hispanic Women of Philadelphia, and the Chicago Puerto Rican Council. Petroamérica was listed in *Who's Who of American Women*. A distinguished speaker, she also collaborated in 1964 in the organization of Puerto Rican groups for the National Democratic Party. Petroamérica Pagán de Colón died of cancer on August 29, 1980.

En l976, Petroamérica Pagán de Colón anunció que aspiraba a un escaño en la Cámara de Representantes de Puerto Rico. Su puesto de ayudante especial del Presidente del Senado y coordinadora de la Oficina de Servicios Técnicos de ese cuerpo, además de su vasta experiencia en asuntos gubernamentales, la cualificaban admirablemente para esa aspiración pero fue derrotada en los comicios.

Para el Gobierno de Puerto Rico, desempeñó variadas tareas: como directora del Programa de Rehabilitación Vocacional, inició en Puerto Rico programas para ayudar a personas incapacitadas a vencer sus limitaciones. Para el Departamento del Trabajo, estableció el programa gubernamental sobre Migración de Trabajadores puertorriqueños a los Estados Unidos. Allí también sirvió como asesora del Secretario y colaboró estrechamente en la reorganización de los programas laborales.

Participó en seminarios internacionales sobre la administración de las leyes del trabajo en América Latina como invitada de los Departamentos de Estado y del Trabajo de los Estados Unidos y, en el campo internacional, fue consultora de la Organización de los Estados Americanos, en cuya capacidad asesoró a los ministerios del trabajo en el hemisferio sobre servicios de empleo y desarrrollo de recursos humanos. Asistió a la Conferencia Mundial sobre la Participación de la Mujer en el Desarrollo Económico de su país celebrada en Jerusalén en l965 y participó en seminarios sobre problemas laborales a invitación del gobierno de Israel.

Fue directora del servicio de empleo y especialista en el Departamento de Recursos Humanos de la Región II y directora de relaciones interagenciales del Departamento federal del Trabajo.

En el aspecto cívico, Petro fundó y estableció en Puerto Rico la Oficina de Ayuda al Viajero y, con un grupo de uniones, colaboró en el establecimiento de la Fundación de Hogares para Trabajadores. La Sociedad Americana del Cáncer le otorgó una placa por sus servicios dirigiendo la Cruzada de la Sociedad en Puerto Rico.

Nacida el 7 de junio de l9ll en Barranquitas, estuvo casada con el abogado Juan A. Colón, y tuvo dos hijos, el Dr. Juan R. Colón y l abogado Francisco Colón.

Fue honrada como Mujer del Año por la Asamblea Vecinal de Riverside, las Mujeres Hispanas de Filadelfia y el Consejo Puertorriqueño de Chicago. Petroamérica fue incluída en *Who's Who of American Women*. Conferenciante distinguida, también colaboró en la organización de grupos puertorriqueños de apoyo para el Partido Demócrata Nacional en l964. Falleció en San Juan de cáncer el 29 de agosto de l980.

ANTONIA PANTOJA

Born in San Juan, Puerto Rico nearly 80 years ago, after many years of opening up new vistas in the United States, she returned to the island to found the Community Development Institute in the countryside of Cubuy in Canóvanas where PRODUCIR, a rural development cooperative, is thriving.

Dr. Pantoja was the founder and president of the Graduate School of Community Development in San Francisco, California; the founder and president of the Universidad Boricua (Boricua College) in New York and Washington, D.C.; founder and first executive director of the Puerto Rican Research and Resources Center and ASPIRA; and founding member of the Puerto Rican Forum and of the Puerto Rican Association for Community Affairs in New York City.

In Albany, she was an outstanding member-at-large of the State Constitutional Convention. She has been a lecturer at the University of Puerto Rico and adjunct professor of community organization in the social work school of Columbia University and director of undergraduate programs at San Diego State University's School of Social Work.

She received her doctor's degree from Union Graduate School, Union of Experimenting Colleges and Universities of Yellow Springs, Ohio and a master's degree in social work from the school of social work at Columbia University and a Bachelor of Arts from Hunter College at City University of New York, as well as her Normal Diploma from the University of Puerto Rico.

Antonia is co-author of "Social Work in a Culturally Pluralistic Society: An Alternative Paradigm" in *Cultural Perspectives in Social Work Practice*; "Toward the Development of Theory: Cultural Pluralism Redefined" in the *Journal of Sociology and Social Welfare*; and wrote the preface to the book, *The Puerto Ricans: An Annotated Bibliography,* and authored *Poverty Conditions of the Puerto Rican Community of New York City* in 1964, besides co-editing *Events in the History of Puerto Rico.*

She was a member of the National Manpower Advisory Committee of the U.S.Department of Labor, of the National Association of Social Workers, of the American Council of Social Work Education, of the Educational Development Center in Boston, of a Study Commission for Undergraduate Education and the Education of Teachers and chaired the then U.S. Office of Education's Cultural Pluralism Committee.

She has been a member of many boards of directors, among others, of the Independent Sector, the National Urban Coalition, the Puerto Rico Public Policy Institute, the American Institution for Public Service, and the Policy Panel and Evaluation Committees of the National Endowment for the Arts.

Recipient of too many awards to mention, Dr. Pantoja is a veritable legend in the Puerto Rican community.

Antonia Pantoja nació en San Juan, Puerto Rico, y después de muchos años abriendo nuevos caminos en Estados Unidos, regresó a la isla para fundar el Instituto de Desarrollo de la Comunidad en el barrio Cubuy de Canóvanas donde organizó PRODUCIR, una cooperativa rural que ha tenido mucho éxito.

La Dra. Pantoja fue fundadora y presidenta de la Escuela Graduada de Desarrollo de la Comunidad en San Francisco, California y de la Universidad Boricua en Nueva York y Washington, D.C.; fundadora y primera directora ejecutiva del Centro Puertorriqueño de Investigación y Recursos y de ASPIRA; y miembro fundador del Foro Puertorriqueño y la Asociación Puertorriqueña sobre Asuntos de la Comunidad en la Ciudad de Nueva York.

En Albany se destacó como miembro por acumulación de la Convención Constituyente del Estado de Nueva York. Se desempeñó como conferenciante en la Universidad de Puerto Rico y como profesora adjunta de la Organización Comunitaria de la Escuela de Trabajo Social de la Universidad de Columbia y directora de programas no graduados de la Escuela de Trabajo Social de la Universidad estatal de California en San Diego.

Recibió un doctorado de la Escuela Graduada Unión, Unión de Colegios y Universidades Experimentales de Yellow Springs, Ohio, una Maestría en Trabajo Social de la Universidad de Columbia en Nueva York, un Bachillerato en Arte del Colegio Hunter de la Universidad de la Ciudad de Nueva York y su Diploma Normal de la Universidad de Puerto Rico.

Antonia es co-autora de "Social Work in a Culturally Pluralistic Society: An Alternative Paradigm" en *Cross Cultural Perspectives in Social Work Practice* (El Trabajo Social en una Sociedad Cultural Pluralista en Perspectivas Culturales); "Toward the Development of Theory: Cultural Pluralism Redefined" en el *Journal of Sociology and Social Welfare* (Hacia el Desarrollo de Una Teoría: Redefinición del Pluralismo Cultural en el Jornal de Sociología y Bienestar Social); y escribió el prólogo del libro *Los Puertorriqueños: Una Bibliografía Anotada, Condiciones de Pobreza de la Comunidad Puertorriqueña en la Ciudad de Nueva York* (1964) ademas de co-editar *Eventos en la Historia de Puerto Rico.*

Fue miembro del Comité Asesor sobre el Trabajo del Departamento federal del Trabajo, de la Asociación Nacional de Trabajadores Sociales, del Consejo Americano sobre la Educación de los Trabajadores Sociales, del Centro de Desarrollo Educativo de Boston, de una Comisión sobre la Educación de Maestros y del Comité sobre el Pluralismo Cultural de la entonces Oficina de Educación de Estados Unidos, la cual presidió.

Se desempeñó como miembro de las juntas de instituciones ta les como *Independent Sector,* la Coalición Nacional Urbana, el Instituto de Política Pública de Puerto Rico y la Institución Americana de Servicio Público.

Ha recibido innumerables premios que no podemos listar, pero la Dra. Pantoja continúa siendo una figura legendaria de Puerto Rico.

Born in Ponce on June 25, 1881, she was the first female legislator of Puerto Rico and was elected to the Puerto Rican Senate in 1936 by the Liberal Party. She used to point out with pride the fact that she had been the most successful vote getter, with the only exception of Antonio Barceló. She conducted her electoral campaign while almost blind, with her son serving as her guide since she had to postpone a cataract operation when the Liberal Party, of which she was a vice president, asked her to run. Before her triumph she had been a member of the Municipal Assembly of Río Piedras from 1932 to 1936.

She was also the first president of the Ladies Civic Club and since the Club was founded, after Mrs. Archibald Hopkins, a Washington, D.C. feminist, visited San Juan, she devoted herself to work toward the improvement of her community.

Up to the age of 15 she was tutored at home. In 1904 she enrolled in special courses at the University of Puerto Rico and then briefly studied at Harvard University.

A member of a wide variety of organizations, her motto was "past services are but a commitment to continue serving in the future."

Even though she did not work for the attainment of suffrage, when the right to vote was granted to women, she joined the San Juan Committee of the Insular League of Women Voters.

Her interest in youth was evidenced by her activities as director of the Masonic Home for Students, and her membership and public relations work with the Girl Scouts' Insular Council. She was also president of the Children's Home.

Married to attorney Federico Pérez Almiroty, who died in 1938, María lived to the ripe old age of 96, spending her last five years at the Ejida del Maestro (Teacher's Home), where she died on July 7, 1977. She had two children, Federico, an attorney, and an adopted daughter, Blanca, who worked in the Life Insurance Cooperative of Puerto Rico.

oña María nació en Ponce el 25 de junio de 1881. Fue la primera legisladora femenina elegida en 1936 por el Partido Liberal para ocupar un escaño en el Senado de Puerto Rico. Ella fue elegida por abrumadora mayoría de votos y, con excepción de Antonio Barceló, nadie sacó más votos que ella. Condujo su campaña electoral a ciegas con su hijo actuando de lazarillo pues tuvo que posponer una operación de cataratas cuando el Partido Liberal, del cual era vicepresidenta, la nominó. Anteriormente habia sido asambleísta en Río Piedras del 1932 al 1936.

Fue la primera presidenta del Club Cívico de Damas y desde su fundación, cuando pasó por San Juan la feminista de Washington, D.C., señora de Archibald Hopkins, se dedicó a trabajar hacia el mejoramiento de su comunidad.

Hasta la edad de 15 años fue educada por tutores en su hogar. En 1904, se matriculó en cursos especiales en la Universidad de Puerto Rico y cursó estudios brevemente en la Universidad de Harvard.

Miembro de una gran variedad de organismos cívicos, su lema era "los servicios pasados son solamente un compromiso para seguir sirviendo a la comunidad en el futuro".

Aunque no luchó por conseguir el sufragio para la mujer, cuando este se otorgó se unió al Comité de San Juan de la Liga Insular de Mujeres Votantes.

Su interés en la juventud lo mostró en sus actividades como directora de la Residencia Masónica de Estudiantes, como miembro y asesora de relaciones públicas del Concilio Insular de las Niñas Escuchas y como presidenta del Hogar de Niños.

Casada con el abogado Federico Pérez Almiroty, de quien enviudó en 1938, María murió a los 96 años el 7 de julio de 1977 en la Egida del Maestro donde pasó sus últimos cinco años. Tuvo dos hijos, Federico, abogado, y una hija adoptiva, Blanca, que trabajó para la Cooperativa de Seguros de Vida de Puerto Rico.

Janice Petrovich was born in Cabo Rojo, Puerto Rico on December 5, 1946. Until 1993 she was the national executive director of the ASPIRA Association, Inc. and director of the Institute for Policy Research. ASPIRA is one of the largest organizations serving Hispanic youth and she expanded its national budget by 60 percent during the last four years, adding parental involvement programs as well as programs in mathematics and science, besides the traditional internships offered to students. In her professional life, she has been a chemist, a college professor, a policy researcher and an advocate on behalf of the Latino community. She received her doctor's degree from the University of Massachusetts in educational policy research in 1979. Her work has focused on education and social policies which affect Puerto Ricans, Latinos and women. Early in 1994, Dr. Petrovich accepted the position of program officer for education and culture at the Ford Foundation in New York, where she is in charge of elementary and secondary school grants.

Dr. Petrovich was the winner of the first annual Isabelita Award of the National Conference of Puerto Rican Women and a recipient of a Ford Foundation Fellowship for her doctoral studies. She serves on the board of directors of various organizations, among others, the Independent Sector, the National Committee for Responsive Philanthrophy, and Mount Holyoke College. In addition, she served as chair of the board of the National Hispanic Leadership Agenda.

Her publications include: "Hispanics and Philantrophy: Policy Issues to the Year 2000" in *The Future of the Nonprofit Sector*; "Hispanic Women Students in Higher Education: Meeting the Challenge of Diversity" with Sara Meléndez in *Educating the Majority*, 1989; *Northeast Hispanic Needs: a Guide for Action*, 1987; and "Puerto Rican Women and the Informal Economy," with Sandra Laureano in *Homines*.

Before her stint at ASPIRA, she was director of research studies at the American Council on Education and served as director of the Research Institute of the Inter American University of Puerto Rico, where she founded the Center for Research and Documentation on Women. Janice is the mother of one daughter.

JANICE PETROVICH

lla nació en Cabo Rojo, Puerto Rico, el 5 de diciembre de 1946 y hasta el final del 1993 se desempeñó como directora ejecutiva nacional de la Asociación ASPIRA, Inc. y directora del Instituto para Investigación sobre Política. ASPIRA es una de las organizaciones hispanas más grandes que provee servicios a jóvenes hispanos. En los últimos cuatro años, ella aumentó el presupuesto nacional de dicha organización en un 60 por ciento añadiendo programas de involucración de los padres y de matemáticas y ciencias, además de los internados que ofrece la organización. Al comienzo del 1994, pasó a ocupar el cargo de oficial de programas de educación y cultura en la Fundación Ford donde está a cargo de los programas de concesiones para educación elemental y secundaria.

En su vida profesional ha sido química, profesora universitaria, investigadora y defensora de los derechos de la comunidad latina. En 1976, recibió su grado doctoral en investigación educativa de la Universidad de Massachusetts. Su trabajo se ha enfocado en las políticas educativas y sociales que afectan a los puertorriqueños, latinos y la mujer.

La Conferencia Nacional de Mujeres Puertorriqueñas le otorgó el premio Isabelita y la Fundación Ford le otorgó una concesión para sus estudios doctorales.

La Dra. Petrovich es miembro de las juntas de directores de varias organizaciones, entre otras, el *Independent Sector*, el Comité Nacional para Filantropía Responsable y el Colegio Mount Holyoke. También sirvió como presidenta del grupo Agenda Nacional del Liderato Hispano.

Sus publicaciones incluyen: "Los Hispanos en la Filantropía: Cuestiones de Política Hasta el Año 2000", en *El Futuro del Sector Sin Fines de Lucro*; "Mujeres Estudiantes Hispanas en la Educación Superior: Sobrepasando el Reto de la Diversidad", con Sara Meléndez, en *Educando la Mayoría* (1989); *Las Necesidades de los Hispanos en el Noreste: Una Guía para la Acción* (1987); y "La Mujer Puertorriqueña y la Economía Informal", con Sandra Laureano, en *Homines*.

Anteriormente, Janice fue directora de estudios de investigación del American Council on Education (Consejo Americano de Educación) y directora del Instituto de Investigación de la Universidad Interamericana de Puerto Rico, donde fundó el Centro para Investigación y Documentación sobre la Mujer. Janice tiene una hija.

orn on May 28, 1943 in San Juan, the former president of the Commission for the Improvement of Women's Rights of Puerto Rico has been concerned with human rights and equity all her life.

Her writings are indicative of her preoccupation with women's advancement: *La Cuestión Femenina y la Cuestión Social* (Women's Issues and Social Issues); *Aportación de la Mujer: Su Participación en las Luchas Sociales y Políticas* (Woman's Contribution: Her Participation in Social and Political Struggles); *La Lucha Por Los Derechos de la Mujer* (The Struggle for Women's Rights); *Underutilization of Puerto Rican Women Workers: A Form of Sex Discrimination*; *Datos Básicos Acerca de la Mujer Trabajadora* (Basic Facts About the Working Woman); and *The Struggle for Women's Equality in Puerto Rico: A Historical Explanation*.

Her education includes a Bachelor of Arts from the University of Puerto Rico, Magna Cum Laude (1965); a Master of Arts and a Doctorate in Political Science from Harvard (1969 and 1974 respectively); and graduate studies at Michigan University at the Social Studies Institute (1969) and the University of Puerto Rico Law School.

As a lawyer, she served in the Department of Justice of Puerto Rico and she has been a professor at the political science department of the University of Puerto Rico and a teaching fellow at Harvard. As executive director of a Center for Environmental and Consumer Justice project, she brought to light inequitable conditions in private employment in Puerto Rico in the findings of the *Study to Determine the Extent and Ramifications of Color, Sex, and National Origin Discrimination in Private Employment in Puerto Rico* in 1974. Her seminal work on sex discrimination and the school curriculum and textbooks has been utilized as a model all over Latin America.

She has been a member of the American Political Science Association, the Center for Studies about the Puerto Rican Reality (CEREP), the Sociological Association of Puerto Rico, the Puerto Rican Association of University Professors and the board of directors of the Industrial Mission.

Married to a Justice of the Supreme Court of Puerto Rico, Federico Hernández Denton, Isabel was a panelist at the Tribune, the nongovernmental conference on International Women's Year in Mexico in 1975 and was the convenor of the 1977 State Conference on Women held in Puerto Rico. She is the mother of one son.

ISABEL PICO DE HERNANDEZ

*L*a ex-Presidenta de la Comisión para el Mejoramiento de los Derechos de la Mujer de Puerto Rico nació el 28 de mayo de 1943 en San Juan y toda su vida ha estado preocupada por los derechos humanos y los derechos de la mujer.

Sus escritos indican su interés en el avance de la mujer: *La Cuestión Femenina y la Cuestión Social; Aportación de la Mujer: Su Participación en las Luchas Sociales y Políticas; La Lucha por los Derechos de la Mujer; la Escasa Utilización de las Trabajadoras Puertorriqueñas: Una Forma de Discrimen por Razón de Sexo; Datos Básicos Acerca de la Mujer Trabajadora; La Lucha por la Igualdad de la Mujer en Puerto Rico: Explicación Histórica.*

Su educación incluye grados de Bachillerato en Artes de la Universidad de Puerto Rico en 1965; Maestría en Artes y Doctorado en Ciencias Políticas de Harvard (en 1969 y 1974 respectivamente); estudios postgraduados del Instituto de Estudios Sociales de la Universidad de Michigan en 1969 y del Colegio de Leyes de la Universidad de Puerto Rico.

Se ha desempeñado como abogada en el Departamento de Justicia de Puerto Rico y como profesora en el Departamento de Ciencias Políticas de la Universidad de Puerto Rico, así como en la Universidad de Harvard. Como directora ejecutiva del proyecto del Centro para Justicia Ambiental y del Consumidor sobre las condiciones de la discriminación en el sector privado, en 1974 publicó el resultado de su investigación bajo el título, *Estudio para Determinar el Alcance y Ramificaciones del Discrimen Por Razón de Color, Sexo y Origen Nacional en el Empleo Privado en Puerto Rico.* Su trabajo influyente sobre la discriminación contra la mujer en el currículo y los libros de texto escolares en Puerto Rico ha sido utilizado como modelo en toda América Latina.

Ha sido miembro de la Asociación Americana de Ciencias Políticas, del Centro de Estudios sobre la Realidad Puertorriqueña (CEREP), la Asociación de Sociología de Puerto Rico, la Asociación de Profesores Universitarios y la Junta de Directores de la Misión Industrial.

Casada con un Juez del Tribunal Supremo de Puerto Rico, Federico Hernández Denton, Isabel fue panelista en la Tribuna, la Conferencia no gubernamental del Año Internacional de la Mujer celebrada en México en 1975 y en 1976, fue nombrada Coordinadora de la Conferencia Estatal de la Mujer en Puerto Rico realizada en San Juan en 1977 como parte de las conferencias estatales del Año Internacional de la Mujer. Ella tiene un hijo.

Born in Santurce, Puerto Rico, on January 20, 1922, Sylvia's first composition was the song "Idilio" (Idyll), which was recorded and popularized by the well known orchestra of Rafael Muñoz. Although Sylvia never had any formal musical training, she played the piano, as well as the guitar. Her musical production was a boon to Puerto Rico. Among her best loved songs in Latin America, the following stand out: "Y Entonces" (And Then), "Alma Adentro" (Deep in the Soul), "Quisiera Ser" (I Wish to Be), "Anochecer" (Dusk), "Una Vez" (Once) and "Ola y Arena" (Surf and Sand), which became popular after her death.

She strived to dignify our contemporary popular music and her songs, both the music and the lyrics, are worthy examples of her concern to free popular music from vulgarity.

This unforgettable composer of popular music was endowed with a poetic imagination and a deep philosophical vein. She was a founding member and secretary general of the Puerto Rican Society of Writers, Composers and Musical Editors.

Neither her fight with cancer nor the difficult economic conditions which afflicted her made her lose her extraordinary courage, optimism or poignant sense of humor which stayed with her until the end of her days on October 20, 1961 in Santurce. A theater in San Juan bears her name. A daughter, Sharon, survived her.

SYLVIA REXACH

Nació en Santurce el 20 de enero de 1922. Su primera composición musical fue la canción bolero "Idilio" grabada con gran éxito por la renombrada orquesta de Rafael Muñoz. Sin estudios formales de música, Sylvia tocaba el piano y la guitarra muy bien. A través de su producción musical, dió prestigio a Puerto Rico. Entre sus canciones más conocidas en Hispanoamérica se encuentran: "Y Entonces", "Alma Adentro", "Quisiera Ser", "Anochecer", "Una Vez" y "Ola y Arena", la última popularizada después de su muerte.

Se empeñó en darle mayor dignidad a nuestra música popular contemporánea. Sus canciones, tanto en la música como en sus líricas, son testimonio de su empeño en liberar la música popular de vulgaridad.

Esta inolvidable compositora popular puertorriqueña poseía una imaginación poética y un sentido filosófico agudo. Fue socia fundadora y eventualmente secretaria general de la Sociedad Puertorriqueña de Autores, Compositores y Editores de Música.

A pesar de los estragos del cáncer que padeció y de las vicisitudes económicas que tuvo que afrontar, mantuvo su extraordinario valor, optimismo y buen humor hasta el fin de sus días el 20 de octubre de 1961 en Santurce. Un teatro de San Juan lleva su nombre y honra su memoria. La sobrevivió una hija, Sharon.

FELISA RINCON DE GAUTIER

Born on January 9, 1897 in Ceiba, Puerto Rico, her father was a lawyer and her mother a school teacher. Her mother's death when Felisa was only 11 years old eventually led her to drop out of high school to help care for her seven younger brothers and sisters. She returned to school later, studying pharmacology. Afterwards she opened two ladies garment stores, one to sell hand-embroidered items.

The prevailing stultifying economic situation of the island prompted her to consider politics as an avenue to help her people. In 1932, when women's suffrage was won, Felisa was one of the first voters, and that marked the beginning of her dynamic career to exert pressure to bring about changes toward the improvement of the living conditions of her people. She became a leader of the now extinct Liberal Party.

In 1940, Felisa joined other leaders to found the Popular Democratic Party, for many decades the dominant party of the island. That same year she married lawyer Jenaro A. Gautier. She was president of the Party in San Juan for many years.

When she became mayor of San Juan in 1946, the City had a population of 180,000. During her incumbency of five terms and 22 years she saw its growth to half a million inhabitants by 1956.

Doña Fela, a figure of international stature, was elected "Woman of the Americas" in 1954 by the American Women's Union in New York. She was president of the Third Interamerican Congress of Municipal History and in 1948 was vice president of the Fourth Congress. She was the only female mayor participating in the Convention of Mayors in Florida in 1940. In 1954, she was president of the Inter American Organization for Municipal Cooperation.

She had traveled extensively in Latin America and Europe. Among awards conferred upon her, the following stand out: The Merit Award of the American Local and State Historical Association, the Golden Honor Medal, the Medal of Don Quixote and the Medal of the Sisters of Charity of Spain, the Joan of Arc Medal of France, the Gold Honor Medal of Ecuador, the Bolívar Medal of Venezuela, the Jane Adams Medal of the American Federation of Women's Clubs, the Pope Pius XII Medal and the Orders of Honor and Merit of Haiti and Israel.

For many years she served as a member of the national committee of the Democratic Party of the United States and was a picturesque figure at national conventions. In her 80s she refreshed her interest in drama by playing the leading role in *Doña Clarines* and playing herself in another play, *Felisa*.

In 1968 she retired, at the age of 71, to a 300-year-old house in the Caleta de San Juan which has now been converted into a Museum to hold all the memorabilia of her long and productive life. The Paseo de la Princesa near the waterfront is graced by a bust of Doña Fela. At 97 Felisa was one of the foremost role models for any Puerto Rican woman. She died in San Juan on September 16, 1994.

Felisa Rincón de Gautier vió la primera luz del día el 9 de enero de l897 en Ceiba, hija de un abogado y una maestra de escuela. Su madre la dejó huérfana a la temprana edad de ll años por lo que tuvo que abandonar sus estudios de escuela superior, siendo la mayor de ocho hijos. Regresó a sus estudios eventualmente concentrándose en farmacología y después estableció una tienda de bordados y otra de ropa de mujer.

La abrumadora situación económica que prevalecía en la isla, la impulsó a considerar la política como una avenida para ayudar a su pueblo. En l932, cuando la mujer obtuvo su derecho al voto, Felisa fue una de las primeras votantes y comenzó su dinámica carrera de ejercer presión hacia cambios encaminados a mejorar las condiciones de vida de las masas. Así llegó a ser líder del extinto Partido Liberal.

En l940, Felisa y otros líderes constituyeron el Partido Popular Democrático de Puerto Rico, por muchas décadas siguientes el partido dominante en la Isla. Ese año, también contrajo nupcias con el abogado Jenaro A. Gautier. Por muchos años, se desempeñó como presidenta del partido en San Juan.

En 1946, se convirtió en alcaldesa de la ciudad capital de Puerto Rico, San Juan, que en ese tiempo contaba con l80,000 habitantes y durante su incumbencia durante cinco términos y 22 años la vió prosperar hasta medio millón de habitantes para el l956.

Doña Fela, como se conocía familiarmente, fue una figura de relieve internacional y en l954 fue electa como la "Mujer de las Américas" por la Unión de Mujeres Americanas en Nueva York. Presidió el Tercer Congreso Interamericano de Historia Municipal y en el l948, fue electa vicepresidenta del Cuarto Congreso. En l940, fue la única mujer alcalde que participó en la Convención de Alcaldes en Florida. En l954, fue elegida presidenta de la Organización Interamericana para Cooperación Inter-Municipal.

Viajó extensamente por América Latina y Europa y entre los premios que recibió están: el Premio de Mérito de la Asociación de Historia Americana Estatal y Local; la Medalla de Honor de Oro, la Medalla de Don Quijote y la Medalla de las Hermanas de la Caridad de España; la Medalla Juana de Arco de Francia; la Medalla de Honor del Ecuador; la Medalla Bolívar de Venezuela; la Medalla Jane Adams de la

Federación de Clubes de Mujeres de América; la Medalla Papa Pío XII y las Ordenes de Honor y Mérito de Haití e Israel.

Por muchos años, se desempeñó como miembro del Comité Nacional del Partido Demócrata de los Estados Unidos. En sus 80s revivió su interés en el teatro representando el papel principal en *Doña Clarines* y jugando su propio papel en la obra sobre su vida, *Felisa*.

Cuando cumplió los 7l años, se retiró a una casa antigua de 300 años en la Caleta de San Juan, la cual ha sido convertida en un museo que contiene todas las memorias de sus luengos y productivos años de servicio público. El Paseo de la Princesa, cerca de mar, se engalana con un busto de Doña Fela.

A los 97 años, Felisa habiendo sido uno de los modelos más importantes para la mujer puertorriqueña, falleció en San Juan el l6 de septiembre de l994.

*S*he was acclaimed for her performance in *The Kiss of the Spider Woman,* which received a Tony for her role as Aurora, the Spider Woman. She began training as a ballerina at age 11 and shortly thereafter was given a scholarship to the American School of Ballet by the legendary George Balanchine. The ballet world lost, and Broadway gained, a star when the 17-year-old aspiring ballerina was cast in the chorus of *Call Me Madam.* It was her electric performance as Anita in the Broadway premiere of *West Side Story* that spiralled her into stardom in 1957. She also received Awards from the Drama League of New York, the Fred Astaire Award in Dance, the National Hispanic Academy of Media Arts and Sciences Award, the School of American Ballet Award and the Mother Hale Caring Award.

At 60, her rich and varied Broadway career is highlighted by starring performances in *Bye Bye Birdie, Chicago, The Rink* (for which she won both the Tony and Drama Desk awards) and *Jerry's*

Girls. She recreated her role of the fiery Anita in the original London production of *West Side Story* and returned to the West End in 1960 as Rosie in *Bye Bye Birdie.* She has returned to London on several occasions to perform in concert at the famed London Palladium and other places. Her earlier Broadway productions include: *Guys and Dolls, Can Can, Seventh Heaven* and *Mr. Wonderful.* On national tour, Chita starred in *Born Yesterday, The Rose Tattoo, Call Me Madam, The Threepenny Opera, Sweet Charity, Kiss Me Kate,* and *Zorba.* Chita also played Nicky in the film version of *Sweet Charity* with Shirley MacLaine.

In 1988, she starred in a national tour of *Can Can* with the Radio City Music Hall Rockettes, which also took her to Japan. She was an outstanding performer at the 1993 celebration of the 4th of July in Washington, D.C. Her most treasured production is her daughter, Lisa Mordente.

Chita Rivera, aclamada por su actuación como Aurora, la Mujer Araña en *El Beso de la Mujer Araña* en Broadway fue premiada con un Tony. Ella comenzó su entrenamiento como bailarina a la edad de 11 años y recibió una beca para la Escuela Americana de Ballet del legendario George Balanchine, la cual también la premió. El mundo del ballet eventualmente perdió y Broadway ganó una estrella cuando a los l7 años le dieron un papel en el elenco del coro de *Call Me Madam*. Su rol como Anita en el estreno de *West Side Story* fue electrificante y la llevó al estrellato en l957. También ha recibido premios como el del *Drama League of New York*, *Fred Astaire Award*, *National Hispanic Academy of Media Arts and Sciences*, y *Mother Hale Award*.

A los 60 años, repasa su rica y variada carrera en Broadway que tuvo sus cumbres en sus actuaciones en *Bye Bye Birdie, Chicago, The Rink* (por la cual ganó un Tony y el Premio Drama Desk) y en *Jerry's Girls*. Ella recreó el rol de la apasionada Anita en la producción original de Londres de *West Side Story* y regresó en l960 como Rosie en *Bye Bye Birdie*. Ha retornado a Londres en varias ocasiones para actuar en conciertos en el famoso Paladio y para cantar y bailar en otros espectáculos. Sus primeras producciones en Broadway incluyen *Guys and Dolls, Can Can, Seventh Heaven* y *Mr. Wonderful*. En una gira nacional Chita fue la estrella de *Born Yesterday, The Rose Tatoo, Call Me Madam, The Threepenny Opera, Sweet Charity, Kiss Me Kate* y *Zorba*. Chita también actuó como Nicky en la película *Sweet Charity* con Shirley MacLaine.

En l988, hizo una gira nacional con *Can Can* con las Rockettes del *Radio City Music Hall* y también llevó la obra al Japón. En l993, bailó en la celebración del 4 de julio en Washington D.C. Su más preciada producción es su hija, Lisa Mordente.

74

LOLA RODRIGUEZ DE TIO

On September 14, 1843, Lola Rodríguez de Tió was born in San Germán. Her share of the limited education offered to women in her times occurred in San Germán and Mayagüez. Sebastián Rodríguez de Astudillo, her father, was dean of the judiciary in Puerto Rico and one of the founding members of the Bar Association. Her mother, Carmen Ponce de León, a cultivated woman, nurtured her daughter's intelligence and spirit. This outstanding poet was influenced by another poet from San Germán, Ursula Cardona, who aroused her interest in literature. Her books and poems, inspired by a burning love for Puerto Rico, promoted cultural progress in the island.

She suffered banishment and disgrace as a result of her ideas regarding liberty and democracy. In 1863, when she was 20 years old, Lola married a publicist and Puerto Rican poet, Bonocio Tió Segarra, and their home was the center of activity for the intellectuals of their era who advocated the revolutionary ideals which culminated in the insurrection at Lares in 1868. Lola wrote the revolutionary stanzas of the Félix Astol version of "La Borinqueña" (the Puerto Rican national anthem), which were the hallmark of the insurrection known as the "Grito de Lares." She had two daughters, Patria, in 1865, and Mercedes, in 1870. The latter died when she was three years old.

In 1877, she left her homeland for Caracas, Venezuela, where she strengthened her affective ties with the eminent Puerto Rican educator, Eugenio María de Hostos, whose marriage she witnessed as "Madrina," or matron of honor, in 1878. Venezuela conferred upon her the Order of the Liberator years later.

After a two-year absence she returned to Puerto Rico. During the "compontes," the persecutions of 1887, when the Spanish apprehended and punished suspicious people, she took refuge in New York and then in La Habana, Cuba. In 1896, Lola was honorary president of the New York political club "Rius Rivera," which fought for Cuba's independence. In 1897, she was recording secretary of the political Club "Caridad." She organized a chapter of the Red Cross to help the Liberation Army. In 1910, she was appointed member of the Academy of Arts and Letters of Cuba, where she had lived since 1899.

Her most important books are: *Mis Cantares* (My Songs), 1876; *Claros y Nieblas* (Fair Weather and Fog), 1885; *Mi Libro de Cuba* (My Book About Cuba), 1893; and *Claros de Sol* (Sunshine). She died on November 10, 1924 when she was 81 years old, and is buried in La Habana.

El catorce de septiembre de 1843, nació en San Germán Lola Rodríguez de Tió. Recibió la poca educación que aquel tiempo le brindaba a la mujer en San Germán y en Mayagüez. Su padre, don Sebastián Rodríguez de Astudillo, fue decano de la Magistratura de la isla y uno de los fundadores del Colegio de Abogados de Puerto Rico. Su madre, doña Carmen Ponce de León, mujer ilustrada, cultivó el fino espíritu y la inteligencia de su hija. Nuestra gran poetisa fue influenciada por Doña Ursula Cardona, poetisa sangermeña, quien despertó en ella el interés por las letras. Inspirada siempre por su gran amor por Puerto Rico, escribió poemas y libros promulgando el avance cultural de la isla.

Sus ideas de libertad y democracia la hicieron sufrir vicisitudes y destierro. En 1863, Lola se casó a los veinte años con el publicista y poeta puertorriqueño, Bonocio Tió Segarra, y en su hogar se reunían los intelectuales de la época, compenetrándose con la idea revolucionaria que culminó en Lares en 1868. Lola compuso las estrofas revolucionarias de la versión de Félix Astol de "La Borinqueña" (el himno nacional puertorriqueño) que reverberaron en la insurrección del Grito de Lares. Tuvo dos hijas, Patria en 1865 y Mercedes en 1870. La última murió a los tres años de edad.

Abandonó su país en 1877 dirigiéndose a Caracas, Venezuela donde estrechó los lazos de amistad fraternal con el insigne maestro puertorriqueño, Eugenio María de Hostos, de quien fue madrina de bodas en 1878. Venezuela le otorgó la Orden del Libertador años después.

Después de dos años de ausencia, regresó a Puerto Rico. En la época de los "compontes" de 1887, cuando el gobierno español perseguía y castigaba a personas sospechosas, fue deportada y buscó refugio en Nueva York, de donde pasó a La Habana, Cuba. En 1896, fue presidenta honoraria del club revolucionario Rius Rivera de Nueva York que luchaba por la independencia de Cuba. En 1897, asumió el puesto de secretaria de actas del club político Caridad y organizó un Capítulo de la Cruz Roja para ayudar al Ejército de Liberación. En 1910, la nombraron miembro de la Academia de Artes y Letras de Cuba donde residió desde el 1899.

Sus libros más importantes son: *Mis Cantares*, 1876; *Claros y Nieblas*, 1885; *Mi Libro de Cuba*, 1893, y *Claros de Sol*. Murió en La Habana el 10 de noviembre de 1924 a los 81 años de edad y sus restos descansan en esa ciudad.

*A*na Cristina Roqué Géigel de Duprey was born in Aguadilla on April 18, 1853 and learned to read by the time she was three. Ana studied at the Civil Institute for Secondary Education in San Juan, where she graduated as a school teacher. Her name is remembered as the founder and moving spirit of the Colegio Mayagüezano and the Liceo Ponceño, which she founded in 1902. A remarkable development allowed her, at age 13, to start her own school where she taught students as old as 19.

Journalist, linguist and writer, her books left a legacy of her acquired knowledge about many subjects such as astronomy, botany, zoology, geology and meteorology. Among them are: *Explicaciones de Gramática Castellana* (Explanations of Spanish Grammar), 1889; *Geografía Universal* (Universal Geography), 1894, in collaboration with Alejandro Infiesta; a text on the flora of Puerto Rico; and *La Botánica en las Indias Occidentales* (Botany in the West Indies), which she wrote both in English and Spanish.

Ana Roqué de Duprey mightily fought for the vote for Puerto Rican women and founded the first feminist organization on the island. She published several newspapers supporting women's rights and along with other feminists of her day, Beatriz Lasalle, Isabel Andreu Aguilar and Mercedes Solá, created in 1917 the *Liga Femenina Puertorriqueña* (the Feminine League of Puerto Rico) and in 1924 the Puerto Rican Women's Suffrage Association. She founded and edited various newspapers and reviews: *La Mujer* (Woman) in 1893; *La Evolución* (Evolution) in 1902; *La Mujer del Siglo XX* (The Twentieth Century Woman) in 1917; *Album Puertorriqueño* (Puerto Rican Album) in 1918; and *El Heraldo de la Mujer* (Women's Herald) in 1920. She also wrote 32 novels.

When she was 19 years old she married Luis Duprey, of French stock, educated in Barcelona, and they had three children. She organized a dance for the 80 slaves freed from his Buena Vista Estate near Isabela.

In 1887, she headed the Model School in Humacao and dedicated herself to preparing teachers. She figured she had granted degrees to 110 teachers and educated 5,200 children in 23 years of public teaching, and 300 more in 10 years of private teaching. She was an honorary member of the Astronomical Society of France and received an honorary Doctorate in Literature from the University of Puerto Rico.

Even though she voted in 1932 when she was old and infirm, Bebella, as her grandchildren called her, did not know that her vote was invalidated since her name did not appear in the registers. She died without knowing that fact on October 3, 1933.

na Cristina Roqué Géigel de Duprey nació en Aguadilla el l8 de abril de l853 y aprendió a leer cuando tenía tres años. Estudió en el Instituto Civil de Educación Secundaria en San Juan de donde se graduó como maestra de escuela. Su nombre reverbera como dinámica fuerza creadora del Colegio Mayagüezano y del Liceo Ponceño, que ella fundó en l902. Su inteligencia perspicaz le permitió a la temprana edad de l3 años comenzar su propia escuela donde enseñaba a discípulos de hasta l9 años.

ANA ROQUE DE DUPREY

Periodista, lingüista y escritora, sus libros nos ofrecen una herencia de los conocimientos extensos y variados que adquirió en astronomía, botánica, zoología, geología, y meteorología. Entre otros están: *Explicaciones de Gramática Castellana*, l889, *Geografía Universal*, l894, en colaboración con Alejandro Infiesta, un texto sobre la flora de Puerto Rico, y *La Botánica en las Indias Occidentales*, que escribió en ambos idiomas, inglés y español.

Ana Roqué de Duprey fue dedicada luchadora por el derecho al voto de la mujer puertorriqueña y fundadora de la primera organización feminista en la isla. Publicó varios periódicos apoyando los derechos de la mujer y, en colaboración con otras feministas de su época, Beatriz Lasalle, Isabel Andreu

Aguilar y Mercedes Solá, creó la Liga Femenina Puertorriqueña en l9l7 y en l924, la Asociación de Mujeres Sufragistas de Puerto Rico, la cual presidió. Fundó y editó varios periódicos y revistas: *La Mujer* en l893, *La Evolución* en l902, *La Mujer del Siglo XX* en l9l7, *Album Puertorriqueño* en l9l8 y *El Heraldo de la Mujer* en l920.

A la edad de l9 años, se casó con Luis Duprey, joven de descendencia francesa educado en Barcelona, con el cual tuvo tres hijos. Al concederle la libertad a los 80 esclavos de su finca Buenavista en las cercanías de Isabela, Ana organizó un baile de celebración para ellos.

En l887, dirigía la Escuela Modelo de Humacao y con tesón se dedicó a preparar maestros. De acuerdo con sus cuentas, Doña Ana otorgó grados a ll0 maestros y educó 5,200 estudiantes en 23 años de enseñanza pública y 300 más en sus l0 años de enseñanza privada.

Aunque acudió a las urnas en l932, ya anciana y desvalida, Bebella, como solían llamarla sus nietos, no supo que su voto fue invalidado ya que ella no se había inscrito previamente. Murió el 3 de octubre de l933 ignorando esa verdad.

*A*ntonia Sáez, one of the foremost proponets of Puerto Rico's educational life, was born in Humacao, Puerto Rico on May 10, 1889, daughter of Abelardo Sáez and Teresa Torres. She received a teaching certificate from the University of Puerto Rico in 1908, and taught in the school system of her home town until 1923. By 1928, armed with a Bachelor of Arts and a Master of Arts, she went to teach at Central High School in Santurce.

After getting a Doctorate in Philosophy and Literature in Spain, she was designated as full professor at the college of education of the University of Puerto Rico, where she remained for 28 years until her jubilee in 1959, when she was designated Professor Emeritus.

She authored many books on education during her long involvement in the field, most notably: *Las Artes del Lenguaje en la Escuela Elemental* (Language Arts in Primary School), 1949; *Las Artes del Lenguaje en la Escuela Secundaria* (Language Arts in Secondary School), 1952; *La Lectura, Arte del Lenguaje* (Reading, the Art of Language), 1948. She also served as lexicographer for the Institute of Puerto Rican Culture, which awarded her its Gold Medal in 1961.

Her book *Caminos del Recuerdo* (The Road of Remembrance), published posthumously, is an evocative view of life from the 1895 proclamation of the Spanish Republic to 1931, and is spiced with vignettes about the customs of the era. She also wrote *Teatro de Puerto Rico* (Puerto Rican Theater) in 1950.

Well traveled through Europe and the Americas, she died on July 20, 1964 while on a pleasure trip to Japan.

Antonia Sáez, uno de los valores del campo de la educación en Puerto Rico, nació en Humacao el 18 de mayo de 1889, hija de Abelardo Sáez y Teresa Torres. En 1908, recibió de la Universidad de Puerto Rico su certificado como maestra, profesión que ejerció en el sistema escolar de su pueblo hasta 1923. Ya para 1928, armada con un Bachillerato en Artes y una Maestría en Artes, se encaminó a la Escuela Superior Central de Santurce, donde enseñó por varios años.

Después de obtener su Doctorado en Filosofía y Letras en España, fue nombrada profesora en la Facultad de Pedagogía de la Universidad de Puerto Rico, donde dedicó 28 años de su vida a la enseñanza hasta su jubilación en 1959. La Universidad de Puerto Rico le otorgó el título de Profesora Emérita. También se desempeñó como lexicógrafa en el Instituto de Cultura Puertorriqueña, el cual le otorgó su Medalla de Oro en 1961.

Autora de muchos libros sobre asuntos educativos, entre otros: *Las Artes del Lenguaje en la Escuela Elemental,* 1949; *Las Artes del Lenguaje en la Escuela Secundaria,* 1952; *La Lectura, Arte del Lenguaje,* 1948.

Su libro póstumo, *Caminos del Recuerdo,* evoca el modo de vida desde el 1895 al 1931 después de la proclamación de la República Española. El mismo contiene una plétora de incidentes costumbristas de la época. También escribió *Teatro de Puerto Rico,* en 1950.

Viajó incansablemente por Europa y las Américas y le sorprendió la muerte el 20 de julio de 1964 mientras se hallaba en el Japón en un viaje de recreo.

Ivette Torres is the senior director for communications services of the Consumers Union, where she oversees and coordinates the activities of four departments: Information Services; Office of Public Information; Radio and Special Programs; and Consumer Reports Television.

Born in Ponce on July 23, 1950, at the start of her career, Torres helped organize and coordinate the First Puerto Rican Festival in Boston, Massachusetts. She went on to work for then-Massachusetts Governor Michael Dukakis as a special aide for community services.

From 1979 to 1992 she continued to direct her efforts towards insuring minority participation in all aspects of communications. Specifically, from 1984 to 1988, she honed her fundraising and management skills at the National Coalition of Hispanic Health Service Organizations (COSSHMO), where she became vice president for development.

In 1988, she joined the National Education Association (NEA) as senior professional associate. At NEA she developed and oversaw projects to support the association's many initiatives and continued her working relationships with the mass media.

Ivette has a Master of Science in Telecommunications Policy from George Washington University and a Master of Education from the school of rehabilitation administration of Northeastern University. In 1983, she received a fellowship certificate from the Massachusetts Institute of Technology (MIT).

She is active in many associations and coalitions, including: the Public Relations Society of America; Women in Communications; the National Puerto Rican Coalition, of which she was a board member; and the National Conference of Puerto Rican Women, over which she presided. She is an avid media skills trainer and volunteers her time with many Latino organizations.

omo directora de servicios de comunicación para la *Consumers Union*, Ivette Torres supervisa y coordina las actividades de cuatro departamentos: Servicios de Información, Oficina de Información Pública, Radio y Programas Especiales, e Informes Televisados al Consumidor.

Nacida en Ponce el 23 de julio de 1950, al comienzo de su carrera, Torres ayudó a organizar y coordinar el Primer Festival Puertorriqueño de la ciudad de Boston, en Massachusetts. Después pasó a trabajar con el entonces Gobernador de Massachusetts, Michael Dukakis, como su ayudante especial para servicios a la comunidad.

Del 1979 al 1992, Ivette continuó dirigiendo sus esfuerzos profesionales para asegurar la participación de los grupos minoritarios en todos los aspectos del campo de las comunicaciones. Específicamente del 1984 al 1988 ella amplió sus destrezas gerenciales y de recaudación de fondos mientras trabajaba para la Coalición Nacional de Agencias Hispanas de Servicios de Salud (COSSMHO) donde se desempeñó como vicepresidenta.

IVETTE TORRES

En 1988, comenzó a trabajar con la Asociación Nacional de Educación (NEA) como profesional asociada donde desarrolló y supervisó proyectos de apoyo a las iniciativas de la NEA continuando su relación de trabajo con los medios de comunicación.

Torres tiene una Maestría en Ciencias Políticas de Telecomunicaciones de la Universidad de George Washington y una Maestría en Educación de la Escuela de Administración y Rehabilitación de la Universidad de Northeastern.

En 1983, recibió un Certificado del Instituto de Tecnología de Massachusetts (MIT).

Es muy activa en diversas asociaciones y coaliciones, incluyendo la Sociedad de Relaciones Públicas de América, Mujer en Comunicaciones, la Coalición Nacional Puertorriqueña, en la cual es miembro de la Junta, y la Conferencia Nacional de Mujeres Puertorriqueñas, la cual presidió. Es una excelente entrenadora en comunicaciones y ofrece su colaboración voluntaria a muchas organizaciones hispanas.

N Y D I A   V E L A Z Q U E Z

*N*ydia Velázquez was born in Yabucoa, on the southeastern part of Puerto Rico, on March 28, 1953. She graduated Magna Cum Laude from the University of Puerto Rico and obtained a Master's Degree in Political Science from New York University. In her professional career she has served as a professor at the University of Puerto Rico and at Hunter College of the City University of New York.

For many years in public service, she served as special assistant to Congressman Ed Towns in Brooklyn; was the first Latina to serve on the New York City Council, representing the 27th District; and from 1986 to 89 was the national director of the migration division of the Department of Human Resources of Puerto Rico, which was elevated to cabinet rank, calling it the Department of Community Affairs, for part of her tenure.

In November of 1992 she was elected to the United States House of Representatives for New York's 12th Congressional District, defeating a long-time, well-respected Member of Congress.

In 1993, the National Conference of Puerto Rican Women gave her Special Recognition at its 21st annual conference.

lla nació en Yabucoa, Puerto Rico en el sureste de la isla, el 28 de marzo de 1953. Se graduó Magna Cum Laude de la Universidad de Puerto Rico y más tarde obtuvo una Maestría en Ciencias Políticas de la Universidad de Nueva York. En su carrera profesional ha sido profesora en la Universidad de Puerto Rico y en el Colegio Hunter de la Universidad de la Ciudad de Nueva York.

Pasó muchos años en el servicio público como ayudante especial del Congresista Ed Towns de Brooklyn y fue la primera mujer latina miembro del Consejo de la Ciudad de Nueva York representando al Distrito 27.

Del 1986 al 1989 se desempeñó como directora nacional de la División de Migración del Departamento del Trabajo y Recursos Humanos de Puerto Rico, que fue elevada a una Secretaría de Asuntos de la Comunidad, siendo ella elevada a miembro de gabinete.

En noviembre de 1992, fue electa miembro de la Cámara de Representantes en el Congreso de los Estados Unidos por el Distrito 12 derrotando a un conocido y respetado miembro del Congreso.

La Conferencia Nacional de Mujeres Puertorriqueñas le hizo un reconocimiento especial durante su Vigésimaprimera Conferencia Anual en 1993.

*B*orn in 1936 and raised and educated in Puerto Rico, Paquita Vivó moved to Washington, D.C. in 1962, where she has become an energetic civic leader, especially in cultural affairs, civil and women's rights and the concerns of Puerto Ricans in the United States.

She is the author of *The Puerto Ricans: An Annotated Bibliography,* a guide to works by Puerto Ricans or about Puerto Rico and its people, which was selected by the American Library Association as one of the outstanding reference books of 1974. She has authored other reference tools such as *Latin America: A Selected List of Sources* and *A Guide to Writings on the Alliance for Progress,* and has written, translated and edited numerous articles, speeches, documents and reports for federal agencies and others.

Vivó has traveled extensively in Europe, Latin America and the Caribbean. She was a member of the U.S. Delegations to the Assemblies of the Inter American Commission of Women (IACW) in 1972 and 1980 and participated in a leadership training program sponsored by the commission in the Dominican Republic in 1971, besides being a member of the IACW's Committee of Cooperation for many years.

One of the original founders, she served as president of the National Conference of Puerto Rican Women from 1973 to 1975, and has been active in many other civic activities, including the founding of the Institute for Puerto Rican Arts and Culture and the Hispanic Women's Center. She is a member of the board of the Women's Research and Education Institute and was active in the Hispanic Organization of Professionals and Executives, in the Women's Action Alliance and the National Hispanic Quincentennial Commission. She was an elected delegate to the 1977 National Women's Conference held in Houston.

Her professional activities include: a post as editor of the Information Office of the Alliance for Progress of the Organization of American States, where she served for eight years; positions at the Department of State of Puerto Rico and the Puerto Rico News Service; and a private public relations and public affairs firm which she founded, Information Services for Latin America (ISLA).

Among other honors, she received the Wise Women's Award from the Center for Women's Policy Studies, the Distinguished Community Service Award from the National Urban Coalition, and a 1995 award from Boricua College in New York.

Paquita Vivó nació en 1936 y fue criada y educada en Puerto Rico. Se trasladó en 1962 a Washington, D.C. donde se ha convertido en una enérgica dirigente cívica, especialmente en los campos de la cultura, los derechos civiles y de la mujer y las inquietudes de los puertorriqueños en Estados Unidos.

Es autora de *The Puerto Ricans: An Annotated Bibliography* (Los Puertorriqueños: Una Bibliografía Anotada), una guía sobre las obras de autores puertorriqueños y obras escritas sobre Puerto Rico y su gente. Esta bibliografía fue seleccionada por la Asociación Americana de Bibliotecas como uno de los libros de referencia sobresalientes de 1974. Es autora de otras obras de referencia tales como *Latin America: A Selected List of Sources* (América Latina: Lista Selecta de Fuentes de Información) y *A Guide to Writings on the Alliance for Progress* (Guía sobre Obras Relacionadas con la Alianza para el Progreso). Además, ha escrito, traducido y editado numerosos artículos, discursos, documentos e informes.

Paquita ha viajado extensamente por Europa, América Latina y el Caribe. Fue miembro de las Delegaciones de Estados Unidos ante las Asambleas de la Comisión Interamericana de Mujeres (CIM) en 1972 y 1980 y participó en un programa de desarrollo de liderato auspiciado por dicha comisión en la República Dominicana en 1971, además de ser miembro del Comité de Cooperación de la CIM por muchos años.

Una de las fundadoras originales, fue presidenta de la Conferencia de Mujeres Puertorriqueñas del 1973 hasta el 1975 y ha participado activamente en muchos otros esfuerzos cívicos, incluso la fundación del Instituto Puertorriqueño de Arte y Cultura y el Centro de la Mujer Hispana en Washington, D.C. Actualmente es miembro de la Junta de Directores del Instituto de Investigación y Educación de la Mujer y estuvo activa en la Organización Hispana de Profesionales y Ejecutivos y la Alianza para la Acción Feminista. Fue electa delegada por el Distrito de Columbia a la Conferencia Nacional de la Mujer celebrada en Houston en 1977.

Sus actividades profesionales incluyen cargos como editora en la Oficina de Información de la Alianza para el Progreso en la Organización de los Estados Americanos, posiciones en el Departamento de Estado de Puerto Rico y el Puerto Rico News Service y en una firma de relaciones públicas, Información y Servicios para Latinoamérica (ISLA), que ella fundó.

Entre otros honores, recibió el Wise Women's Award (Premio a las Mujeres Sabias del Centro para el Estudio de la Política sobre la Mujer), el Premio por Servicio Distinguido a la Comunidad de la Coalición Urbana Nacional y el premio de 1995 de la Universidad Boricua en Nueva York.

ABOUT THE AUTHOR: CARMEN DELGADO VOTAW

Born in Humacao, Puerto Rico on September 29, 1935, she was inducted into the Maryland Women's Hall of Fame in 1992. She is currently the director of government relations for the 3.2 million member Girl Scouts USA (GSUSA) and directs their Washington, D.C. office, where she monitors and lobbies on federal and state legislation and provides consultative services to state legislative monitoring groups. She served as a member of the board of directors of GSUSA for nine years.

Prior to assuming her position with GSUSA in 1991, she was chief of staff to Congressman Jaime B. Fuster for six and a half years. Her previous positions include: president of the Inter American Commission of Women of the Organization of American States, 1978 to 1980; co-chair of the National Advisory Committee on Women and Commissioner on the International Women's Year Commission (both presidential appointments); federal programs specialist for the Office of the Commonwealth of Puerto Rico; member of the board of the Overseas Education Fund of the League of Women Voters for 15 years; and national president of the National Conference of Puerto Rican Women from 1977 to 1979 and president of the D.C. Chapter in 1976. She is a member of the prestigious Council on Foreign Affairs and of many professional organizations, and was a founding member of the board of the Inter American Institute of Human Rights in Costa Rica.

Carmen authored *Puerto Rican Women: Some Biographical Profiles* in 1978 and biographies on Julia de Burgos and María Cadilla de Martínez in *Notable American Women* in 1980. She has written many articles in publications such as *Americas, Vision, Horizontes, Agenda Magazine, Nuestro,* and *Graduate Woman.*

She has visited well over 60 countries to speak on human and civil rights, on development and women's issues and has participated in countless international forums of governmental and nongovernmental organizations, including the four United Nations World Conferences on Women and most of the preparatory meetings. She has been honored by a number of organizations, including the Instituto de Puerto Rico of New York, the National Institute for Women of Color, *Hispanic USA Magazine*, Federally Employed Women, the National Conference of Puerto Rican Women, the Association of Hispanic Federal Employees, the National Council of Hispanic Women, the National Association of Cuban American Women, and the National Aeronautics and Space Agency (NASA).

Ms. Votaw has a Bachelor of Arts degree in international studies from The American University and an Honorary Doctorate in the Humanities from Hood College. She lives in Bethesda, Maryland with her husband Gregory and is the mother of three, Stephen, Michael and Lisa.

Carmen Delgado Votaw, nacida en Humacao, Puerto Rico, el 29 de septiembre de 1935, fue nombrada al Salón de la Fama de la Mujer del estado de Maryland en 1992. Actualmente se desempeña como directora de relaciones gubernamentales de Girl Scouts USA (GSUSA), una organización de 3.2 millones de miembros y dirige su oficina del Distrito de Columbia cabildeando a nivel federal y proveyendo servicios de consulta a los grupos de monitoría legislativa a nivel estatal. Fue miembro de la Junta de Directores de GSUSA por nueve años.

Antes de asumir su posición en GSUSA en 1991, por seis años y medio fue directora de la oficina del Congresista Jaime B. Fuster. Otras posiciones que ha ocupado incluyen: presidenta de la Comisión Interamericana de Mujeres de la Organización de Estados Americanos de 1978 al 80; co-presidenta del Comité Asesor Nacional de la Mujer y comisionada de la Comisión del Año Internacional de la Mujer (ambos nombramientos presidenciales); especialista en programas federales de la Oficina del Estado Libre Asociado de Puerto Rico en Washington; miembro de la Junta de Directores por 15 años del Fondo para la Educación en el Exterior de la Liga de Mujeres Votantes; presidenta nacional del 1977 al 1979 de la Conferencia Nacional de Mujeres Puertorriqueñas y del Capítulo de DC en 1976. Es miembro del prestigioso Consejo de Relaciones Exteriores y fue miembro fundador del Instituto Interamericano de Derechos Humanos en Costa Rica.

Carmen es la autora de *Puerto Rican Women: Some Biographical Profiles* (Mujeres Puertorriqueñas: Algunos Perfiles Biográficos), 1978, y de biografías sobre Julia de Burgos y María Cadilla de Martínez en *Notable American Women*, 1980. Ha escrito muchos artículos en publicaciones tales como *Américas, Visión, Horizontes, Agenda, Nuestro,* y *Graduate Woman* (Mujer Graduada).

Como oradora ha visitado más de 60 países hablando sobre derechos humanos, civiles y de la mujer y sobre el desarrollo. Ha participado en innumerables foros gubernamentales y no gubernamentales incluyendo las cuatro conferencias mundiales de Naciones Unidas sobre la Mujer y casi todas las reuniones preparatorias. Ha sido honrada por muchas organizaciones, entre otras, el Instituto de Puerto Rico en Nueva York, el Instituto Nacional para la Mujer de Color, la revista *Hispanic USA, Federally Employed Women* (FEW), la Conferencia Nacional de Mujeres Puertorriqueñas, la Asociación de Empleados Federales Hispanos, el Consejo Nacional de Mujeres Hispanas, la Asociación Nacional de Mujeres Cubano-Americanas, y la Agencia Nacional de Aeronáutica y Espacio (NASA).

Tiene un Bachillerato en Artes de The American University y un Doctorado Honorario en Humanidades de Hood College. Reside en Bethedsa, Maryland con su marido Gregory y es madre de Stephen, Michael y Lisa.

A full service, award-winning, multi-media communications and management consulting firm, Lisboa Associates, Inc. has over 17 years of experience. Founded in 1979 by Elizabeth Lisboa-Farrow, a South Bronx-born Puerto Rican, the company works with the Federal government, corporations and non-profit institutions to implement public relations, advertising and multi-media campaigns.

"When I was approached by Carmen for assistance in publishing *Puerto Rican Women*, I was compelled by the subject matter and decided to donate the services of my firm for the design and printing of this book. My father, Eleuterio Oliver, was born in Aguadilla and 'mami,' Esperanza Oliver Ortiz, was born in Corozal. I'm very proud of my heritage and will continue to educate people about the strengths and contributions of 'nuestras mujeres.' "

ELIZABETH LISBOA-FARROW

isboa Associates, Inc. es una compañía de servicios múltiples de comunicación. Fundada en 1979 por Elizabeth Lisboa-Farrow, puertorriqueña nacida en el sur del Bronx, la compañía ha trabajado con el Gobierno Federal, la empresa privada e instituciones de servicio sin fines de lucro, con el fin de organizar campañas de relaciones públicas, publicidad y de comunicación múltiple. Durante sus más de 17 años de existencia ha recibido varios premios de reconocimiento por su labor.

"Cuando Carmen solicitó mi asistencia con la edición de *Mujeres Puertorriqueñas*, el tema me emocionó y decidí donar los servicios de mi compañía para el diseño e impresión de este libro. Mi padre, Eleuterio Oliver, nació en Aguadilla y mi madre, Esperanza Oliver Ortiz, nació en Corozal. Estoy muy orgullosa de mi patrimonio y deseo continuar educando a la gente sobre la fortaleza y contribuciones de 'nuestras mujeres'."

BIBLIOGRAPHY / BIBLIOGRAFIA

Aitken, Thomas, Jr., *Poet in the Fortress: The Story of Luis Muñoz Marín*. New York: New American Library, 1965.

Báez, Vicente, *La Gran Enciclopedia de Puerto Rico*. España: Forma Gráfica, 1976.

Breve Enciclopedia de la Cultura Puertorriqueña, Tomo de Referencia.

Burgos, Julia de, *Cuadernos de Poesía* (Núm. 9). Puerto Rico: Instituto de Cultura Puertorriqueña, 1990.

Canales, Nemesio, *Paliques* LXXII, "El Voto Femenino." Puerto Rico: Editorial Coquí, 1967 (Ediciones Borinquen 1915).

Carreras, Carlos M., *Hombres y Mujeres de Puerto Rico*. México: Editorial Orion, 1961.

Coll y Toste, Cayetano, *Puertorriqueños Ilustres*. Barcelona: Ediciones Rumbos, 1963.

Cuchí Coll, Isabel, *Oro Nativo*. San Juan, Puerto Rico: Imprenta Venezuela, 1936.

De Hostos, Adolfo, *Diccionario Histórico Bibliográfico Comentado de Puerto Rico*. Barcelona: Industrias Gráficas Manuel Pareja, 1976.

Enciclopedia Grandes Mujeres de Puerto Rico, Vols. II, III, IV.

El Mundo (several articles-varios artículos), San Juan, Puerto Rico.

Huyke, Juan B., *Triunfadores*. San Juan: Negociado de Materiales, Imprenta y Transporte, 1926.

Melón de Díaz, Esther, *Puerto Rico: Figuras del Presente y del Pasado*. Río Piedras, Puerto Rico: Editorial Edil, 1972.

Melón, Portalatin, *Clásicos de Puerto Rico*, Vol. VI.

Negrón Muñoz, Angela, *Mujeres de Puerto Rico, Desde el Periodo de Colonización Hasta el Primer Tercio del Siglo XX*. San Juan, Puerto Rico: Imprenta Venezuela, 1935.

Newlon, Clarke, *Famous Puerto Ricans*. New York, N.Y.: Dodd, Mead & Co., 1975.

Revista del Instituto de Cultura, San Juan, Puerto Rico (several editions, varios ejemplares).

Ribes Tovar, Federico, *The Puerto Rican Woman: Her Life and Evolution Throughout History*. New York: Plus Ultra Educational Publishers, 1972.

Rivera de Alvarez, Josefina, *Diccionario de Literatura Puertorriqueña*. España: Instituto de Artes Gráficas M. Pareja para el Instituto de Cultura Puertorriqueña, Tomo Segundo, Vols. I, II, 1974.

San Juan Star (several articles, varios artículos), San Juan, Puerto Rico.

Votaw, Carmen Delgado, *Puerto Rican Women: Some Biographical Profiles*. Washington, D.C.: National Conference of Puerto Rican Women, 1978.

"Julia de Burgos"; "María Cadilla de Martínez" in *Notable American Women: The Modern Period*. Boston, Radcliffe College, 1980, pp. 122, 129.

Illustration Credits:

By Pat Barron: Pages; 5, 16, 19, 22, 32, 46, 60, 66, 81, 82, 86, 88

By Nicole M. Backus: Pages; 2, 6, 9, 10, 15, 20, 26, 28, 30, 35, 36, 38, 40, 42, 44, 48, 51, 52, 55, 57, 58, 63, 65, 68, 70, 73, 74, 78, 84

Not illustrated: Milagros Benet de Newton